NOUVELLES

LIBERTÉS

DE

PENSER.

A AMSTERDAM.

M. DCC. XLIII.

PIECES CONTENUES
dans ce livre.

AVERTISSEMENT.

On ne rendra point compte du caractere des Piéces que composent ce Recuëil, le lecteur en décidera; il suffit de dire qu'elles sont tirées avec choix du Cabinet d'entre plusieurs Manuscrits du même genre.

Quant au titre que l'on a donné à ce petit volume, & qui est le seul motif de cet avertissement, le lecteur pourroit judicieusement le critiquer par la raison que ce n'est pas d'aujourd'hui que de très-habiles gens ont pensé librement sur les matieres qui forment ce Recuëil. Mais on ne dissimulera pas que l'on a tenté d'en faire une espece de paralelle avec le livre de la liberté de penser de Monsieur Colins, & cela avec d'autant plus de fondement que ces deux ouvrages sont analogues : parce qu'ils supposent

suppofent également un examen
& des réflexions telles que l'homme qui commence à penfer , eft
capable d'en faire. Auffi ces deux
livres ont-ils le même but qui eft
de ne point donner une aveugle
crédibilité à des myftéres qu'on ne
fçauroit trop approfondir.

RÉFLECTIONS
SUR
L'ARGUMENT
DE
MONSIEUR PASCAL,
ET DE
MONSIEUR LOCKE.

Concernant la possibilité d'une autre vie à venir.

UN de mes amis à qui je ne connois de vice qu'une incrédulité générale à l'égard de tout ce qu'on appelle religion ou verités révélées, prétend qu'il n'y a aucune de ces vérités qui ne se trouve entierement détruite par des raisonnemens métaphisiques, qui, selon lui, sont les seuls moyens infail-

libles

libles pour s'affurer de la vérité ou de la fauffeté de quelque chofe.

Nos converfations roulent toûjours fur quelqu'un des points les plus effentiels de la Réligion ; comme : l'éxiftence de Dieu, la fpiritualité & immortalité de l'ame, la liberté de l'homme & il combat tous ces principes de la Religion par les raifons les plus fpecieufes & me reduit le plus fouvent au. point d'apeller la foi au fecours de ma raifon.

Ayant trouvé dans l'excellant traité fur l'entendement humain , de Monfieur * Locke le fameux Argument de Pafcal, imaginé, au raport de Bayle, fi je ne me trompe, par Arnobe & que Monfieur Locke amis dans tout fon jour, je crûs que pour le coup j'aurois la raifon pour moi, contre mon ami. En effet il n'y a rien de fi fort que cet argument que voici. « Les

* L. 11. C. 11. V. 7

« Les récompenses & les peines
« d'une autre vie, que Dieu à établi
« pour donner plus de force à ses
« loix font d'une assez grande im-
« portance pour déterminer notre
« choix contre tous les biens ou
« tous les maux de la vie ; lors mê-
« me qu'on ne considere le bon-
« heur ou le malheur à venir que
« comme possible : de quoi person-
« ne ne peut douter. Qui conque,
« dis-je, voudra examiner qu'un
« bonheur excellent & infini, peut
« être une suite de la bonne vie
« qu'on aura menée sur la terre, ou
« qu'un état opposé peut être le
« châtiment d'une conduite déré-
« glée, un tel homme doit néces-
« sairement avoüer qu'il juge très-
« mal s'il ne conclut pas de là, qu'u-
« ne bonne vie jointe à l'attente
« d'une félicité éternelle qui peut ar-
« river, est préférable à une mau-
« vaise vie accompagnée de la crain-

A 3   te

« te de cette affreuse misere, dans
« laquelle il est fort possible que le
« méchant se trouve un jour enve-
« loppé : ou pour le moins de l'é-
« pouvantable & incertaine esperan-
« ce d'être annitrilé. Tout cela est de
« la derniere évidence, quant mê-
« me les gens de bien n'auroient que
« des maux à essuyer dans ce mon-
« de , & que les méchans y goûte-
« roient une perpetuelle félicité :
« ce qui, pour l'ordinaire est tout
« autrement. De sorte que les mé-
« chans n'ont pas grand sujet de se
« glorifier de la différence de leur
« état ; par raport même aux biens
« dont ils joüissent actuellement; ou
« plûtôt, à bien considerer toutes
« choses, ils ont, je crois, la plus
« mauvaise part, même dans cette
« vie. Mais lors qu'on met en ba-
« lance un bonheur infini avec une
« infinie misere, si le pis qui en
« puisse arriver à un homme de
bien ,

« bien, fuppofé qu'il fe trompe, eft
« le plus grand avantage que le mé-
« chant puiffe obtenir, au cas qu'il
« vienne à rencontrer jufte. Qui eft
« l'homme qui peut encourir le ha-
« zard, s'il n'a pas tout-à-fait perdu
« l'efprit. Qui pourroit, dis-je, être
« affez fou pour refoudre en foi-
« même de s'expofer à un danger
« poffible d'être infiniment mal-
« heureux ; de forte qu'il n'i ait rien
« à gagner pour lui que le pur neant,
« s'il vient à échaper à ce danger.
« L'homme de bien, au contraire
« hazarde le néant contre un bon-
« heur infini, dont il doit joüir fi le
« fuccès fuit fon attente : fi fon ef-
« pérance fe trouve bien fondée, il
« eft éternellement heureux, & s'il
« fe trompe, il n'eft pas malheu-
« reux, il ne fent rien. D'un autre
« côté fi le méchant a raifon, il n'eft
« pas heureux, & s'il fe trompe, il
« eft infiniment miférable. N'eft-ce

pas

« pas un des plus visible déréglé-
« ment de l'esprit où les hommes
« puissent tomber, que de ne pas
« voir du premier coup d'œil quel
« parti doit être préféré dans cette
« rencontre.

Aucun de nos incredules n'avoit osé jusqu'ici attaquer cet argument. Je le proposai à mon ami, homme juste, chaste, charitable envers son prochain, dont les mœurs sont très-reglées & qui s'aquite exactement de tous les devoirs extérieurs qu'exige la probité la plus sévere. Pour son intérieur je n'en dirai rien; c'est à Dieu qui sonde les cœurs & les reins à en juger. Cet homme ayant un peu réflechi, me dit.

Proposez d'acheter pour un denier une éternité bien heureuse & d'éviter un malheur sans fin à un homme qui pense comme Virgile.

Felix

Felix qui potuit rerum cogno-
cere caufas.
Atque metus omnes, & inexo-
rabile fatum.
Subjecit pedibus, ftrepitum-
que: acherontis avari.

Et qui croit être certain qu'il n'y
a point d'autre vie après celle-ci,
à prendre la chofe à rigueur philo-
fophique il vous dira que, quoi que
vous ne lui demandiez qu'un denier,
c'eft acheter trop cher encore, le
néant ou une chimére; & qu'il y
a même moins de comparaifon &
de proportion entre un denier & un
être non éxiftent qu'il n'i en a entre
un point & l'infini.

D'ailleurs, continuë mon Philofophe, par raport à la poffibilité
d'un état éternellement heureux ou
malheureux, la fituation de ce que
Monfieur Locke appelle un hom-
A 5   me

me de bien & un méchant n'eſt pas
la ſeule qui exiſte dans la nature. Il
peut y avoir des gens qui ont pouſ-
ſé la Philoſophie au point de vivre
dans une parfaite tranquilité dans ce
monde, ſans aucune perſuaſion d'u-
ne vie à venir, & même avec une
forte perſuaſion du contraire. En-
treprenez de tirer ces gens-là de
cette ſituation, en faiſant valoir
l'argument de Monſieur Locke;
ils vous diront ſans doute, qu'il y
auroit de la folie à ſortir de cet état
d'une parfaite tranquilité, dans la
quelle conſiſte le ſouverain bonheur en ce monde, pour rentrer
dans un autre plein de doutes, de
crainte & d'incertitude : & comme
c'eſt celui d'un homme qui profeſ-
ſe la Religion Chrétienne aux termes de l'Évangile; ils vous diront
que ce ſeroit pour eux la plus hau-
te extravagance de prendre ce parti d'incertitude & de doute ſur la
ſeule

seule espérance ou la crainte d'un avenir qu'ils regardent comme une chimere ; persuadés qu'aucun des sectateurs du parti que vous leur proposé, n'est arrivé, par sa croyance ou par sa foi, à ce point de tranquillité qui fait le souverain bonheur en ce monde ; à la quelle ils sont parvenus eux-mêmes par le seul secours de la Philosophie & de la raison dépoüillée des préjugés de l'éducation & de l'autorité. Je vous expliquerai plus amplement cette idée, ajoûta mon ami, en faisant raisonner un Philosophe Payen.

Figurez-vous un Philosophe Chinois, qui ne croit pas à une vie à venir (étant presque tous dans ce sistême) qui joint dans sa façon de penser d'un bonheur parfait en ce monde , & qui est moralement certain qu'il en joüira toute sa vie.

Re-

Repreſentez-vous enſuite un Miſſionnaire zelé, qui entreprend de
convertir ce Philoſophe à la Religion Chrétienne.

Après s'être épuiſé en raiſonne-
mens pour prouver la vérité de ſon
ſiſtême ſans qu'il ait pû emmener
le Philoſophe Chinois à ſon but le
Miſſionnaire conclut en diſant :
quand même tout ce que je vous ai
fait voir concernant la certitude
d'une vie à venir, ne ſeroit pas auſſi
axactement vrai & évident, que je
vous l'ai démontré ; toûjours ne
ſauriez-vous diſconvenir, que ce
que je viens de vous expoſer, comme vrai & évident, ne ſoit au moins
poſſible. Je ne ſaurois douter que
cette poſſibilité ne frape un homme
comme vous qui ſait réflechir &
raiſonner, & qui ſait juger de ſes
véritables interêts. Dans ces vûës,
permettez-moi de vous raporter
ce qu'un de nos plus grands Philoſophes

lofophes a penſé ſur cette poſſibilité.

Suppoſez apréſent que le Miſſionnaire, aprés avoir expoſé l'argument en queſtion, dans toute ſa
force au Philoſophe Chinois, lui
dit en homme qui ſe croît déja ſûr
de ſa victoire ; ce raiſonnement
n'eſt-il pas convaincant & ſans ré-
plique? Votre raiſon peut-elle refu-
ſer de ſe prêter à tant de lumieres
& d'évidence.

Figurez-vous maintenant que le
Chinois répond ainſi au Miſſionnaire.

Vous ou votre Philoſophe, poſez
en fait dans votre raiſonnement,
deux propoſitions qui me paroiſſent également douteuſes.

La premiere eſt que perſonne ne
peut douter de la poſſibilité de l'é-
venement que vous venez de m'a-
noncer.

La

La deuxiéme eſt que cette ſeule poſſibilité préſumée doit me déterminer à prendre le chemin que vous m'indiqué.

Mais je vous dirai, continuë le Chinois, qu'il me paroît que ne connoiſſant point la meſure de la puiſſance ni de la volonté de la cauſe premiere, de laquelle, dites-vous, dépendent tous les contingens; & la nature même, de cette cauſe premiere nous étant abſolument inconnuë, il en réſulte que nous ne ſaurions rien déterminer ni pour ni contre la poſſibilité des contingens, & ſurtout dans les choſes qui ſont au-deſſus de la porté de notre raiſon; ainſi notre eſprit ne peut reſter à cet égard que dans un parfait équilibre ou tout au plus dans le doute.

Or cela poſé, votre argument donne naturellement lieu à cette queſtion; ſavoir: s'il eſt raiſonnable

ble que dans le doute où je fuis, je
doive me déterminer d'aller plûtôt
à droite qu'à gauche.

Quant à moi je pense que le doute ne peut ni ne doit faire d'autre effet fur un efprit raifonnable, que
de le porter à éxaminer avec attention s'il eft plus probable que le
contingent qu'on lui préfente, ou
qu'il envifage lui-même comme
poffible foit un être réel ou chimérique, & que fi de la réalité de ce
contingent dépend fa félicité ou fon
malheur, il ne doit fe déterminer
qu'en conféquence de l'examen fe-
rictix & des comparaifons éxactes
qu'il aura faites; pour juger avec
certitude, s'il eft plus probable que
le contingent arrive ou qu'il n'arrive pas.

On doit prendre ce chemin, felon la droite raifon, d'autant qu'on
a un interêt fenfible à ne pas fe tromper dans fon choix fi on rifque un
bien

bien réel, suppofé qu'on fe trompe en changeant d'état.

Mais s'il n'y a rien à rifquer & tout à efpérer en prenant plûtôt à droite qu'à gauche, c'eft-à-dire en prenant le parti qu'on lui propofe, il eft évident qu'il feroit fort au fuprême degré s'il héfitoit un moment à prendre ce parti quelqu'incertain qu'il fut d'arriver par ce moyen au bien qu'il fe feroit offert à fa vûë.

Suppofé qu'il n'y eût dans une lotterie qu'un feul billet noir, qui vaudroit notre Empire de la Chine, contre cent millions de billets blancs; un homme à qui on offriroit de tirer gratuitement un billet feroit fou s'il le refufoit par la feule raifon du peu d'aparence qu'il y a qu'il tirera précifément le billet noir.

Ce n'eft pas le cas dans lequel je me trouve à l'égard de votre fiftême, mais avant que de vous le faire re comprendre je dois faire une seconde obfervation fur l'argument de votre Philofophie. Il divife les hommes en gens de bien & en méchans. Cette divifion ne me paroît pas bonne à l'égard de ce qu'il veut prouver: j'eftime que par cette divifion il ne peut rien prouver contre moi. Il auroit bien mieux fait de divifer les hommes en ceux qui font perfuadés de la verité de votre fiftême, en ceux qui en doutent & en ceux qui le croïent faux.

Je conviens cependant que dans votre façon de parler ceux de la premiere claffe font tous reputés gens de bien. Mais je foutiens que dans la deuxiéme & dans la troifiéme, il peut y avoir autant de gens de bien que de méchans.

Si par la définition d'un homme de bien vous entendez celui qui croît la verité de votre fiftême & un méchant celui qui en doute ou qui

le

le croit faux je ne conviens pas de votre définition & sur ce pied-là nous disputerons fort inutilement.

Mais si jugeant sans préjugés vous apellez un homme de bien celui qui est humain, charitable, juste & un méchant celui qui en tout ou en partie est taché des vices contraires à ces vertus nous sommes d'accord.

Je conviens maintenant qu'un méchant pour peu qu'il soit capable de raisonner doit sentir qu'en tant que méchant il péche essentiellement contre les inspirations de la raison naturelle.

Si ce méchant croît la vérité de votre sistême ; s'il le croit possible, ou s'il en doute seulement en posant pour principe qu'un bonheur excellent & infini peut être une suite de la bonne vie qu'on aura menée sur la terre ou qu'un état opposé c'est-à-dire un malheur infini,

peut-

peut-être le châtiment d'une cón-
duite déréglée , il doit convenir
néceffairement je l'avoüe, qu'il ju-
geroit très-mal s'il ne concluoit pas
de là qu'une bonne vie , jointe à
l'attente certaine d'une éternelle
félicité qui peut arriver, eft préférable à une mauvaife vie accompagnée de la crainte de cette affreufe
mifere dans laquelle fuivent la fu-
pofition , il croît fort poffible que
le méchant fe trouve un jour en-
veloppé' pour le châtiment de fes
crimes.

Mais vous voyez que cet argument
ne porte que contre un méchant
perfuadé de la vérité de votre fiftême ou qui doute au moins de fa
poffibilité; qui vit par conféquent
dans un état d'incertitude & de
crainte. Il ne porte aucunement
contre un homme de bien abfolument perfuadé de la fauffeté de votre fiftême , qui par conféquent

n'a rien à craindre & qui n'a aucun motif raisonnable pour le déterminer à changer un état de vie dont il a tout lieu d'être content.

Je sens bien que vous m'opposerez ici deux choses conséquemment à votre sistême.

1°. Qu'il ne suffit pas d'être homme de bien dans le sens que je crois l'être pour n'avoir rien à craindre par raport à une autre vie à venir.

2°. Qu'il est question de savoir, si après les preuves que vous m'avez donnés de la verité de votre sistême, je puis perseverer dans la persuasion qu'il est faux avec assez de confiance pour risquer un évenement possible aussi redoutable que l'est celui que vous me prechez.

Je conviens que l'objet que vous me présentez est assez important pour mériter les attentions les plus sérieuses. Mais voulant agir en homme sage, je ne saurois me déterminer

ner ni prendre un parti que fur la validité ou non validité des preuves que vous me donnerez en faveur de votre fiftême.

Jufqu'ici vous ne m'avez nullement perfuadé, & plus j'examine le plus ou le moins de probabilité qu'il y a que l'éxiftence de cette vie à venir que vous me préchez comme une chofe certaine, foit feulement poffible, plus je me trouve porté à croire que ce n'eft qu'une belle & fpécieufe chimere. Et dans cet état j'eftime que la raifon fondée fur la grandeur de l'objet, c'eft-à-dire fur ce que j'ai à gagner fi je rencontre jufte & fur ce que j'ai à perdre fi je me trompe ; n'eft pas fuffifante pour me déterminer à adopter votre fiftême & à changer d'état de vie dont j'ai tout lieu d'être content.

Il eft queftion ici dans le fond d'une efpece de jeu ou de hazard,

puis

puis que l'évenement dont vous me parlez eſt fort douteux au moins à mon égard, & qu'il s'agit d'opter entre deux chemins dont perſonne ne connoît véritablement les iſſuës qui peuvent cependant être très-différentes ; & qu'on ſuppoſe enfin qu'il y a infiniment à gagner ou à perdre en ſe trompant ou en ne ſe trompant pas au choix que l'on fera.

Suppoſons maintenant, par une comparaiſon ſenſible, qu'on mette entre les mains d'un enfant les 24. caracteres d'Imprimerie qui forment les 24. lettres de l'alphabet pour qu'il les arrange à ſa fantaiſie.

Dans cette ſuppoſition, je vous demande lequel des deux ſeroit cenſé faire le pari le plus inégal ou de notre Empereur qui offriroit de parier tout ſon Empire contre une Piaſtre, que cet enfant ne rangera

pas

pas du premier coup ces 24. lettres de lalphabet, ou d'un particulier, qui en acceptant ce pari, mettroit une Piaſtre contre tout cet Empire, en pariant pour l'affirmative ?

Oh ! cela n'eſt pas une queſtion, dira un homme qui raiſonnera ſur le principe de votre Philoſophe : car ſi l'Empereur gagne ce pari, il ne gagne qu'une Piaſtre, & s'il vient à perdre il perd un Empire qui lui vaut cent millions de Piaſtres, ſans compter tous les agrémens & a-vantages qui ſont anéxés à la poſſeſ-ſion d'un ſi vaſte Empire. Il y au-roit donc une grande imprudence à notre Empereur de faire un pari ſi inégal : au contraire ſi ce Particu-lier perd, il ne perd qu'une Piaſtre ce qui ne fait qu'un tres-petit objet & dont la perte ne peut l'incom-moder beaucoup ; & s'il gagne, il gagne tout l'Empire de la Chine; il feroit donc fou s'il ne parioit pas.

Mais

Mais ce raiſonnement n'eſt dans le fond qu'un pur ſophiſme que l'on appelle dans vos écoles dénom-nombrement imparfait ſuivant ce que j'ai lû dans vos livres : car pour ſe déterminer avec prudence a parier ou à ne parier pas, il ne ſuffit pas de meſurer la proportion ou la diſproportion qu'il y a de la perte au gain. Mais il faut meſurer encore les degrés de probabilité qu'il y a dans l'eſpérance de gagner ce pari, ou dans la crainte de le perdre, & faire enſuite une comparaiſon exacte de la proportion ou diſproportion qu'il y a de la perte au gain avec le degré de probabilité qu'il y a dans l'eſpérance ou la crainte de gagner ou de perdre ; ce n'eſt que par le réſultat de cette comparaiſon que l'on pourra voir au juſte, s'il convient de parier ou de ne parier pas.

Maintenant ſi je faiſois voir à ce
rai-

raiſonneur ſuperficiel que celui qui
dans votre ſupoſition voudroit parier pour l'affirmative; ſavoir: que
cet enfant rangeroit du premier
coup ces 24. lettres de l'alphabet
dans leur ordre naturel , & qui
mettroit une Piaſtre contre l'Empire de la Chine, joüeroit à un jeu
qui auroit la même proportion que
s'il mettoit 130000000000000000
000000. Piaſtres contre une pour
joüer à croix ou à pile ; croyez-vous
qu'il perſiſtat à vouloir parier ?

Il s'agit de prouver ce paradoxe,
continuë le Chinois, & voici comme je m'y prend. Je ſuppoſe pour
un moment que notre Empire raporte un milliard de Piaſtres tous
les ans. Ce milliard évalué au denier cent fait cent milliards de fond.
Il n'y a ſans doute pas aſſez d'Or,
d'Argent, de perles ni de pierres fi-
nes dans les quatre parties du monde pour remplir une ſomme ſi pro-

digieuſe

digieufe que celle-là. Mais n'importe. l'Empereur, en faifant ce pari,
mettroit donc la valeur de cent milliards de Piaftres, contre une Piaf-
tre? quelle difproportion !

Mais arrêtons-nous là un moment; & voyons quel degré de proportion de probalité il y a entre le
rifque de la perte & l'efpérance du
gain.

Un de vos Philofophes, *le Pere
Malbranche*. Dont vous m'avez
communiqué les ouvrages, nous
l'apprendra. Il foutient que la
combinaifon des 24. lettres de votre alphabet fe peut faire en plus de
1300000000000000000000000
00000000. maniere differentes,
dont celle de les ranger dans l'ordre
où vous les mettez ordinairement
n'eft qu'une. Entrez dans cette fom-
me par cent milliards le produit eft
1300000000000 000 00000000.
d'où il réfulte la preuve de mon hy-
pothèfe;

pothefe ; favoir que pour faire un pari égal, on peut parier 1 30000000 00000000000000000. contre un que cet enfant ne rangera pas du premier coup ces 24. lettres de l'alphabet dans leur ordre naturel.

Je fens bien, dit le Chinois, que fi le fiftême que vous me propofez eft vrai, il y a une infinie difproportion entre ce qu'il y a à efpérer & à craindre dans une autre vie, & ce qu'il y a à efpérer & à craindre en celle-ci ; & je conviens par conféquent, que, s'il n'y avoit que cette difproportion à mettre en ligne de compte, il faudroit être le plus infenfé de tous les hommes, pour héfiter un moment à renoncer à tout ce que cette vie peut avoir de flateur pour arriver à ce que l'autre vie à venir fait efpérer & pour éviter ce qu'elle fait craindre.

Mais ce n'eft pas tout : il faut éxaminer auffi les degrés de proba-

bilité

bilité qu'il y a que ce contingent arrive, ou que ce foit quelque chofe de réel, & en faire une exacte comparaifon avec ceux qui prouvent que ce n'eft qu'une chimere & comparer enfuite le réfultat avec la difproportion mentionnée qu'il y a, entre ce qu'il y auroit à efpérer ou a craindre dans une autre vie, en lui facrifiant ou en ne lui facrifiant pas ce qu'il y a à efpérer ou à craindre dans ce monde, pour prendre enfin le parti que la faine raifon & la prudence doivent dicter à quiconque fait réfléchir fur fes véritables interêts.

Si par cet éxamen, il fe trouve que l'événement que vous me prêchez foit certain, ou qu'il y ait un peu plus de probabilité qu'il puiffe arriver, qu'il n'y en a qu'il n'arrivera pas, je vous avouë qu'il eft fenfiblement de mes interêts de me ranger au parti que vous me confeillez. Mais

Mais s'il fe trouve au contraire,
que cet événement ne foit qu'une
chimere, & une invention de la
politique ou de quelqu'autre vûë
intereflée de la part de ceux qui le
prêchent, cela changeroit de thefe
du tout-au-tout : car il eft évident
qu'en ce cas-là, il y auroit plus
de difproportion entre cette chimere & la réalité, quelque peu
confidérable qu'elle fut, que je fa-
crifierois inutilement pour courir
après ce néant, qu'il n'y en a entre l'objet de crainte & d'efpérance
dans cette autre vie à venir, & celui des mêmes efpérances & craintes de la vie préfente qu'il s'agit de
facrifier ou de ne facrifier pas à ce
premier objet.

Je dis plus il n'y a même aucune
comparaifon à faire, pour en tirer
la mefure de quelque proportion
entre la réalité la moins fenfible &
le néant pur, ou la chimere au lieu

qu'il

qu'il y en a toûjours entre une réalité & une autre, quelque grande que foit la difproportion entre la mefure ou la valeur de l'une & de l'autre de ces deux réalités.

Les biens de ce monde, quelque dénomination qu'on leur donne, font quelque chofe de réel, au moins dans ma façon de penfer; or fi la certitude, par raport aux biens d'une autre vie à venir, que vous m'infinuez pour véritable ou pour probable tout au moins, n'eft qu'une chimere; vous conviendrez vous-même qu'il faudroit que je fuffe fou, de facrifier la réalité de cette vie, à ne la regarder que dans fon moindre dégré, à une chimere évidemment reconnuë pour telle, & cela pour la feule raifon de la difproportion infinie que vous mettez entre les biens & les maux de cette autre vie & ceux de cette vie préfente; vous conviendrez encore re que je ſerois fou à proportion de la grandeur ou de la meſure de la réalité que je ſacrifierois à cette chimere ou à ce néant.

Or je vous ſoutiens que, ſelon mon ſiſtême & en me conformant à celui que vous me prêchez, ce ſeroit ſacrifier toute la réàlité que je poſſede & dont je joüis pour courir après une chimere : ce ſeroit mettre tout d'un côté pour ne rien eſpérer de l'autre. Ce ſeroit faire une eſpece de pari encore plus extravagant & plus inégal que ne le ſeroit celui du particulier qui mettroit une Piaſtre contre l'Empire de la Chine à la condition marquée, & par conſéquent je ſerois donc fou au ſuprême degré.

Voici mon état préſent. Je me porte bien de corps & d'eſprit. Je vis indépendant & dans l'abondance ; Je ſuis moralement ſûr de mener cette même vie juſqu'à ma mort.

mort. Ce que je poſſede m'eſt aſſuré, duſſai-je aller juſqu'à cent ans,
je ne déſire ni n'eſpere rien audelà;
je ſuis donc parfaitement heureux :
car quant à moi je fais conſiſter le
bonheur dans cette parfaite tranquillité. Vous ne ſauriez diſconvenir au moins qu'il eſt poſſible d'a-
voir cette aſſurance : je l'ai en effet.

L'eſperance doit être fondée ſur
la probalité de parvenir à ce qu'on
déſire, par conſéquent l'eſpérance
ſuppoſe le déſir ; or le déſir n'eſt jamais ſans inquiétude : l'inquiétude
eſt un mal; donc l'eſpérance eſt auſſi
un mal.

J'avoüe cependant que l'eſpérance a quelque choſe de flateur ; mais
convenez auſſi qu'elle ne flate qu'à
proportion des degrés de probabilité qu'il y a de parvenir à ce que
l'on déſire. La probabilité eſt donc
la meſure du plaiſir que peut donner
l'eſpérance, & comme ce qui n'eſt
que

que probable n'eſt pas certain, il s'en
ſuit que le plaiſir qui naît de l'eſpérance probable n'a qu'un fondement très incertain.

Enfin perſonne ne doute qu'il ne
vaille beaucoup mieux poſſeder ce
que l'on déſire que d'être flatté par
l'eſpérance en le déſirant : c'eſt le
cas où je me trouve. L'eſpérance ne
flatte que l'imagination au lieu que
la poſſeſſion procure une joüiſſan-
ce réelle ; par conſéquent la certitude de poſſéder eſt toûjours préférable à l'eſpérance d'acquérir quelque fondée qu'elle ſoit, & quelque
grand que ſoit l'objet qu'elle em-
braſſe.

J'ai aujourd'hui, encore un coup,
tout ce qu'il me faut pour mener
une vie tranquile, que je regarde
comme le ſouverain bonheur ; &
je ſuis certain d'en joüir juſqu'à la
fin de ma carriere.

Vous m'objecterez, ſans doute,
que

que cette certitude ne peut être phifique, qu'elle n'eft au plus que morale & que les hommes font fujets
aux accidens.

J'en conviens : mais il me fuffit,
pour que je préfere mon fiftême à
tous les autres, de favoir qu'il a
plus de certitude & plus de réalité
qu'aucun.

Quant aux accidens dont vous me
parlez ; les hommes n'y font-ils pas
également expofés quelque fiftême
qu'ils adoptent? c'eft ce qui eft prouvé par l'experience de tous les jours.
Mais cette vérité n'eft pas capable de
déranger le bonheur d'un Philofophe. La crainte des accidens ne l'in-
quiéte pas, furtout lorfqu'il fe trouve perfuadé, comme je le fuis moi-
même qu'il y a infiniment plus de
probalité pour lui, que ces accidens n'arriveront pas, que de raifons de crainte qu'ils n'arrivent. Et
en attendant ce qu'il en fera de ces
accidens,

accidens, il joüit toûjours tranquil-
lement du préfent, & continuë d'en
joüir jufqu'à la fin, & c'eſt en quoi
confifte le parfait bonheur.

Vous me direz ici que je confond mal-à-propos le bonheur actuel dont je jouis, avec le parfait
bonheur; qu'il y a cependant grande différence de l'un à l'autre: que
la durée permanente eſt la marque
caractériſtique du vrai bonheur &
que le bonheur préfent eſt non feulement de très-courte durée; mais
qu'il peut encore (dans la fuppofition que votre fiſtême foit feulement poſlible, comme j'en fuis convenu) opérer pour celui qui s'y
borne, une fuite infinie des mal-
heurs les plus redoutables.

Je conviens que le bonheur dont
je joüis préfentement aura une fin,
comme il a eu un commencement.
Je conviens encore que je ne vois
point d'impoſlibilité ni de répug-
gnance

gnance phifique dans la fuppofition de votre fiftême ; mais tout cela ne fuffit pas pour me déterminer à renoncer à ce bonheur prefent, qui tel qu'il eft me procure des biens très-réels dans l'efpérance d'un avenir très-incertain en lui-même , & que je regarde en mon particulier, comme purement imaginaire , quoi qu'il ne foit pas abfolument impoffible.

Ainfi que cette autre vie à venir foit auffi poffible que vous le voudrez ; que les biens que vous voulez que j'y envifage foient les plus confidérables que l'on puiffe imaginer , tout cela ne décide rien entre nous , tant que vous ne prouverez pas qu'il y a plus de probabilité que cette autre vie foit quelque chofe de réel, qu'il n'y en a qu'elle n'eft qu'une invention des hommes ; & c'eft ce que vous n'avez pas prouvé jufqu'ici, & que je ne crois pas

pas que vous ni aucun des partifans de votre fiftême, puiffiez jamais prouver, au moins par des raifons claires & folides.

Vous me prêchez de plus, comme moyens néceffaires pour mériter ce bonheur à venir, les veilles, les jeûnes, les macérations, les fcrupules, les craintes, l'incertitude & l'inquiétude. En un mot vous m'infinuez de renoncer pour l'amour de cette efpérance à tout ce en quoi j'ai fait confifter jufqu'ici tout mon bonheur. Tout cela eft d'autant plus embaraffant pour moi que je me fens être homme qui ne voudroit pas faire à demi une chofe auffi effentielle que celle-là. Je fuis tendre, délicat & fcrupuleux au dernier point. Si je donne dans votre fiftême, je ne croirai jamais en avoir affez fait : ma vie ne fera donc à l'avenir qu'un tiffu de crainte, d'allarme, de

trou•

trouble, de doute & d'inquiétude continuelle qui aboutiront
peut-être à me porter à un défes-
poir total. En un mot au lieu que
jufques ici, je me fuis eftimé un
homme parfaitement heureux, je
rifque de devenir par les fuites, de
toutes les créatures la plus miférable; & s'il fe trouvoit qu'enfin mon
efperance fut vaine, n'eft-il pas
vrai que j'aurois facrifié tout ce
qu'on peut facrifier de réel, non
feulement contre le néant, mais
même contre la plus grande de
toutes les miferes. Le beau trait de
fageffe.

Vous me direz, fans doute après
votre Philofophe, que le contentement qu'infpire à l'ame la certitude de cette efpérance contre-ba-
lance & furpaffe même de beaucoup tout ce qu'elle abandonne,
& tout ce qu'elle fouffre pour l'a-
mour de ce bien immenfe & infini
dont

dont elle espere joüir pendant une éternité ; de sorte, direz-vous, que quant même cette espérance seroit vaine dans le fond ; il se trouvera tout bien compté & rabatu , que l'état de cette ame qui aura joüi du plaisir que donne une espérance si flateuse, quoi que supposée vaine , aura été plus heureux en ce monde même que celui d'un autre, qui au milieu de toutes les prospérités & de tous les contentemens qu'on peut avoir ici bas, aura vêcu dans la crainte ou dans le doute de cet événement d'une vie à venir.

Je répond en premier lieu qu'il se peut que cette ame dont vous me parlez, & dans la situation dans la quelle vous la supposez, par la comparaison qu'elle aura faite d'un bien immense & infini qu'elle espere avec certitude selon son idée avec ce qu'elle abandonne ou souf-

fre

fre dans ce monde pour l'amour des grands biens qu'elle espere dans l'autre, parvienne à un état de bonheur parfait ; car j'ai avancé moi-même que le bonheur n'est que là où on le met. Mais il faut que vous conveniez que, si elle est trompée dans son espérance, elle aura préféré un bonheur chimérique, puis qu'il ne consistoit que dans son imagination aux commodités & aux agrémens réels dont on peut jouir en ce monde ; & qu'elle aura sacrifié & abandonné un bonheur réel pour un bonheur chimérique, & qu'elle se fera assujetie à des souffrances réelles & sans nombre pour l'amour de sa vaine espérance, c'est-à-dire pour courir après une chimére.

Je répond en second lieu, qu'il est vrai que le parfait bonheur dans ce monde ; dépend du parfait contentement & de la parfaite

tran-

tranquillité de l'esprit. Mais en a-
doptant votre sistême on ne peut
parvenir à ce parfait contentement
& à cette parfaite tranquillité d'esprit nécessaire pour être heureux
que par la persuasion au plus haut
degré de la certitude, de parvenir
un jour à ce que ce sistême pro-
met & fait espérer de doux & de
flateur. Mais, permettez-moi raisonnant conséquemment à ce sistême, tel que vous me l'avez développé de doute que l'ame puisse jamais
parvenir à ce degré de certitude. *

* Car plusieurs sont appellés, & fort peu
sont élus.

Math. C. 22. V. 14.

St. Paul malgré la vie réguliere qu'il a
menée & les austérité dans lesquelles il a
vêcu est si incertain de son salut qu'il dit dans
sa premiere Epitre au Corint. C. 4. V. 3.

Car quoi que je ne me sente coupable de rien,
si est-ce que je ne suis pas justifié pour cela, c'est
le Seigneur qui me juge.

Et au C. 9. V. 27..... Je meurtris mon
corps de coups, & je le rend souple au service,

*de peur qu'il n'arrive en quelque façon qu'a-
yant prêché aux autres, je ne devienne moi-
même réprouvé.*

Je réponds en troisiéme lieu que
quoi qu'il en foit d'une ame qui fe
trouve dans l'état de votre fuppofition, & quelque bonheur qu'elle
goûte en conféquence de fa préten-
duë certitude ; tout cela ne prouve
encore rien contre moi ; parce que
le cas pofé dans la comparaifon
que vous faites de cette ame per-
fuadée, avec une autre qui eft dans
le doute & dans la crainte de cet
évenement d'une vie à venir, que
vous tenez pour certain, n'eft pas
le mien, au contraire à l'heure que
je vous parle, je fuis auffi certain
que je le fuis des vérités géometri-
ques les mieux démontrées, que
cette vie à venir n'eft qu'une pure
chimére.

Mais comment pouvez-vous a-
voir cette certitude, m'objecterez-
vous ?

vous? fur quoi eft-elle fondée?

Je repond : que tout le monde
convient qu'il eft de la droite raifon & que c'eft même fa proprieté
la plus effentielle de chercher la
vérité & de s'y attacher quand elle
la trouvée; puis que c'eft unique-
ment de la connoiffance de la vérité, & de ce que nous faifons en
conféquence, que dépend notre
véritable felicité. Je conviens qu'il
eft impoffible que l'erreur puiffe
nous rendre heureux.

Il s'agit maintenant de favoir fi
cette vie à venir dont vous m'en-
tretenez & dont vous me faites un
portrait fi avantageux, eft un être
réel ou fi elle n'eft qu'une chimére. Il s'agit encore de juger des
degrés d'évidence ou de probalité
de la poffibilité ou del'impoffibi-
lité de cet évenement.

Je vous ai déja dit qu'il me paroît impoffible de juger avec fondement

dement & certitude, fi certains contingens font poffibles : je vous en ai
donnné, fi je ne me trompe, une
raifon très-plaufible.

Mais je crois qu'il y a une regle
certaine de verité pour un Critere
certain & infaillible pour juger de
ce qui eft abfolument impoffible
ou bien purement chimérique.

Le contingent que vous me préchez comme poffible eft un de ces
derniers : je le prouve.

La vérité eft fimple & une.

Ce qui contredit cette vérité eft
abfolument impoffible & chimérique.

Si cette vie à venir que vous
m'annoncez eft certaine comme
vous le prétendez, elle ne peut l'ê-
tre qu'en conféquence & relative-
ment à votre fiftême.

Or je vous dirai que j'ai obfer-
vé, que ce fiftême contient, non
feulement des principes contradictoires

toires à la raison immuable, c'est-
à-dire à des axiomes reconnus pour
vrais & admis de tous ceux qui
ont la faculté de raisonner ; mais
qu'il est encore fondé sur des principes qui se contredisent manifestement les uns les autres ; d'où je
crois pouvoir tirer cette conclu-
sion, que votre sistême est erroné.

Il est maintenant question de savoir si des contradictions manifes-
tes trouvées dans ce sistême, peuvent tenir lieu de certitude que ce
sistême est erroné.

Il est question de savoir , si ce
sistême étant faux, & me trouvant
en particulier dans la situation où
je me trouve , telle que je vous l'ai
dépeinte je risque de le croire véritable & d'agir en conséquence.

Permettez-moi que dans la persuasion où je suis jusqu'ici, je vous
dise que je ne dois douter ni de l'un
ni de l'autre.

Je

Je dois m'attendre que vous m'objecterez ici, comme vous avez déja fait dans nos converfations précédentes, que la raifon n'eft pas competante pour juger de la vérité de ce fiftême, & qu'il faut l'embraffer par ce que vous appellez *Foi*.

Je vous repondrai que la raifon eft une lumiere qui nous a été communiquée par la caufe de notre exiftence, quelle qu'elle foit, pour nous en fervir à cette fin de nous rendre heureux en cherchant ce qui peut faire notre bien, & en évitant ce qui peut faire notre mal. Pourquoi voulez-vous que je ne faffe pas ufage de cette lumiere dans une occurence où il ne s'agit pas moins que de tout mon bonheur? fi vous m'alleguez l'autorité contre cette lumiere; fi par cette autorité peu prouvée, au moins à mon égard, vous prétendez forcer

mon

mon acquescement , assentiment à des propositions qui me paroissent contradictoires à cette lumiere de ma raison , je vous citerai à mon tour le Philosophe , de qui vous avez tiré votre grand argument , dont vous m'avez communiqué les écrits que j'ai lû avec grand plaisir. Voici donc ce qu'il pense sur cette matiere.

« Ainsi à l'égard des propositions
« dont la certitude est fondée sur
« une perception claire de la con-
« venance ou de la disconvenance
« de nos idées, qui nous est con-
« nuë , ou par une intuition im-
« médiate, comme dans les propo-
« sitions évidentes par elles-mê-
« mes; où par des déductions évi-
« dentes de la raison, comme dans
« les démonstrations, nous n'avons
« pas besoin du secours de la révé-
« lation, comme nécessaire pour
« gagner notre assentiment,& pour

« introduire ces propofitions dans
« notre efprit ; parce que les voïes
« naturelles, par où nous vient la
« connoiffance, peuvent les y éta-
« blir, ou l'ont déja fait : ce qui eft
« la plus grande affurance que nous
« puiffions peut-être avoir de quoi
« que ce foit, hormis lorfque Dieu
« nous le révéle immédiatement ;
« & dans cette occafion-même ,
« notre affurance ne fauroit être
« plus grande, que la connoiffance
« que nous avons, que c'eft une ré-
« vélation qui vient de Dieu. Mais
« je ne crois pourtant pas que, fous
« ce titre rien puiffe ébranler ou
« renverfer une connoiffance évi-
« dente & engager raifonnable-
« ment aucun homme à recevoir
« pour vrai ce qui eft directement
« contraire à une chofe qui fe mon-
« tre à fon entendement avec une
« parfaite évidence ; car nulle évi-
« dence, dont puiffe être capables

les

« les facultés, par où nous recevons
« de telles révélations, ne pouvant
« surpasser la certitude de notre
« connoissance intuitive, si tant est
« qu'elle puisse l'égaler; il s'ensuit
« de là que nous ne pouvons jamais
« prendre pour vérité aucune cho-
« se qui soit directement contraire
« à notre connoissance claire & dis-
« tincte ; par ce que l'évidence que
« nous avons premierement que
« nous ne nous trompons point en
« attribuant une telle chose à Dieu,
« & en second lieu que nous en
« comprenons le vrai sens, ne peut
« jamais être si grande que l'évi-
« dence de notre propre connois-
« sance intruitive, par où nous a-
« prenons qu'il est impossible que
« deux idées, dont nous voyons
« intuitivement la disconvenance,
« doivent être regardées ou admi-
« ses, comme ayant une parfaite
« convenance entr'elles : & par

consé-

« conféquent nulle propofition
« ne peut être reçûë pour révéla-
« tion divine, ou obtenir l'affenti-
« ment qui eft dû à toute révélation
« émanée de Dieu, fi elle eft con-
« tradictoirement oppofée à notre
« connoiffance claire & de fimple
« vûë; parce que ce feroit renver-
« fer les principes & les fondemens
« de toutes connoiffances & de tout
« affentiment ; de forte qu'il ne
« refteroit plus de différence dans
« ce monde entre la vérité & la
« fauffeté, nulle mefure du croya-
« ble & de l'incroyable, fi des pro-
« pofitions douteufes devoient
« prendre place devant des propo-
« fitions évidentes par elles-mê-
« mes, & que ce que nous con-
« noiffons dut céder le pas à ce,
« fur quoi peut-être nous fommes
« dans l'erreur. Il eft donc inutile
« de prêcher, comme article de
« foi, des propofitions contraires

à

« à la perception claire que nous
« avons de la convenance ou de la
« difconvenance d'aucunes de nos
« idées. Elles ne fauroient gagner
« notre affentiment fous ce titre ou
« fous quelqu'autre que ce foit ;
« car la foi ne peut nous convain-
● cre d'aucune chofe qui foit con-
« traire à notre connoiffance ; par-
« ce que, encore que la foi foit
« fondée fur le témoignage de
« Dieu, qui ne peut mentir, &
« par qui telle ou telle propofition
« nous eft révélée ; cependant nous
« ne faurions être affurés qu'elle
« eft véritablement une révélation
« divine avec plus de certitude,
« que nous le fommes de la véri-
« té de notre propre connoiffan-
« ce ; puis que toute la force de la
« certitude dépend de la connoif-
« fance que nous avons que c'eft
« Dieu qui a révélé cette propofi-
« tion ; de forte que dans ce cas où

l'on,

« l'on suppose que la proposition
« révélée est contraire à notre con-
« noissance ou à notre raison, elle
« sera toûjours en but à cette ob-
« jection, que nous ne saurions dire
« comment il est possible de con-
« cevoir qu'une chose vienne de
« Dieu, ce bien-faisant auteur de
« notre être, laquelle étant reçûë
« pour véritable, doit renverser
« tous les principes de connoissan-
« ce qu'il nous a donnés, rendre
« toutes nos facultés inutiles, dé-
« truire absolument la plus excel-
« lente partie de son ouvrage, &
« réduire l'homme dans un état où
« il aura moins de lumiere & de
« moyen de se conduire que les bê-
« tes qui périssent. Car si l'esprit de
« l'homme ne peut jamais avoir
« une évidence plus claire, ni peut-
« être si claire, qu'une chose est de
« révélation divine, que celle qu'il
« a des principes de sa propre

rai-

« raifon , il ne peut jamais avoir
« aucun fondement de renoncer à
« la pleine évidence de fa propre
« raifon , pour recevoir à la place
« une propofition, dont la révéla-
« tion n'eft pas accompagnée d'une
« plus grande évidence que ces
« principes.

Je me tiens à ce jugement, d'autant qu'il eft decifif, au moins felon
moi , contre les deux points princi-
paux de votre objection , qui font
les motifs de crédibilité qui felon
vous réfultent des révélations & de
la foi même à l'égard des propofitions qui nous paroiffent évidemment fauffes par les feules lumieres
naturelles de notre raifon.

J'ajoûterai cependant encore
une refléxion fur ce même fujet.

Ce que vous appellez foi ne peut
être autre chofe qu'un contentement ou acquiefcement , à des affentiment , à des vérités que je ne
fauroîs

faurois apercevoir par le raport d'aucun de mes fens.

Mais n'eft-il pas vrai que pour opérer cet idem affentiment, il faut convaincre mon efprit ? Il faut par conféquent que ce foit en vertu d'un fondement folide, ou par quelque motif fuffifant, que mon efprit donne cet affentiment. Il faut donc, que, pour juger de la folidité ou non folidité de ce fondement ou de ce motif, que je me ferve des lumieres de ma propre raifon & non pas de celle d'un autre; car la raifon d'autrui ne peut opérer de conviction que fur l'efprit d'autrui. Il eft évident que cela ne fauroit être autrement : vous avez donc tort de rejetter cette raifon comme incompétante.

La foi fans le confentement de la raifon, eft un édifice conftruit au hazard; & fans favoir s'il eft bâti fur le roc ou fur le fable. Or encore

core un coup, comment cette raifon peut-elle donner fon affènti-
ment à un fiftême qui , à fon jugement , contient des propofitions
contradictoires ? Ou comment
peut-elle le donner , tant que ces
propofitions lui paroîtront contradictoires ? Cela eft impoffible.

J'obferve encore, fur ce que votre Philofophe paroît regarder l'an-
nihilation de notre être comme une
chofe dont l'idée eft épouvantable,
que quant à moi à la faveur du fecours de ma raifon je fuis très-éloi-
gné de l'envifager de même. Je fais
que j'ai commencé d'éxifter : je fais
que tout ce qui a un commencement d'exiftence a auffi une fin :
cela eft vrai, fur tout à l'égard des
êtres fenfibles; ils finiffent les uns
plûtôt , les autres plûtard. Je vois
mourir tous les jours de ceux qui
font venus au monde avant-moi ,
& de ceux qui y font entrés après-
moi.

moi. Je fens qu'il eft auffi néceffaire & auffi inévitable que je ceffe d'être, que par la liaifon des caufes & des effets il l'a été, que je commence d'éxifter.

Puifque donc telle eft ma nature & mon deftin ; pourquoi m'en épouventer ? Je ne m'épouvente pas plus des derniers degrés de la ceffation de mon être que j'ai été affligé des premiers. Je fens tous les jours la diminution de mon être, & je ne fuis pas moins tranquille pour cela.

Il eft vrai cependant qu'étant content de l'état dans lequel je me trouve en ce monde, comme je le fuis, fi je pouvois prolonger la durée de mon exiftence & l'éternifer, je le ferois fans doute : & même quelque gracieux que foit mon état, je le changerois contre un meilleur, contre celui, par exemple dont vous me parlez dans

votre

votre siftême, fuppofé que ce fût
une réalité; car il faudroit être fou
pour ne pas favoir facrifier un bien
certain préfent à un autre bien certain à venir, qui feroit infiniment
plus grand que le premier; & fur
tout fi en ne le facrifiant pas il y
avoit la mifere la plus affreufe à
craindre comme vous le fuppofé
dans votre fiftême.

Mais, comme je l'ai déja obfer-
vé, cela ne dépendroit pas de la
confidération feule de la grande
difproportion de la valeur de ces
deux biens; il faudroit mefurer encore les degrés de probabilité concernant la certitude ou l'incertitude de la réalité de ce dernier bien,
& enfin fur le refultat de cet examen prendre un parti final conforme à la droite raifon.

Tout ce que je veux enfin conclure par ce long difcours, eft que
je crois, que jufqu'à ce que vous

ayez levé tous mes scrupules, &
que vous m'ayez démontré avec
une entiere évidence qu'il n'y a
rien de contradictoire dans votre
sistême, l'argument de votre Philosophe, que vous voulez me faire valoir ne peut ni ne doit faire
aucune impression sur moi, pour
me porter à changer l'état de vie
que j'ai embrassé & dont je suis parfaitement content.

Tant que je suis persuadé que ce
que vous m'offrez est une pure chimére, il y auroit encore plus de
disproportion à mon égard de risquer ou de sacrifier mon bonheur
actuel, pour celui que vous voulez
me faire espérer, qu'il n'y en auroit
à parier une Piastre contre Empire
aux conditions raportées. Il y a au
moins pour ce dernier qui parioit
un degré d'espérance de gagner. Je
sens bien que la disproportion à la
perte est immense; mais au moins

il n'eſt pas abſolument ſans eſpérance de gagner : le hazard pouroit
le favoriſer à ce point-là. Mais à
riſquer un bonheur réel, quelque
minſe qu'il fut, contre la chimére
la plus magnifique & la plus flateu-
ſe que l'eſprit humain puiſſe imaginer, il n'y a aucune proportion,
aucune eſperance de gagner, ni
par conſéquent aucune raiſon qui
puiſſe porter un homme de bon
ſens à prendre ce parti.

Ce raiſonnement de mon ami,
ou plûtôt de ſon Philoſophe Chinois paroît déciſif contre l'argument de Monſieur Locke à l'égard
d'un homme perſuadé d'une certitude geométrique, que le ſiſtême
de notre Religion eſt erroné. Il
s'agit de ſavoir ſi cette perſuaſion
eſt poſſible, & ſi l'on peut concevoir que ceux qui ſe vantent d'être
dans le cas de cette perſuaſion agiſ-
ſent réellement de bonne foi.

Ceux

Ceux qui connoiſſent le monde ne doutent pas qu'il n'y ait des hommes qui malheureuſement pour eux ſont dans cette fatale erreur, & l'argument de Monſieur Locke ne paroît pas efficace pour les en tirer.

Pour guérir l'eſprit de quelqu'un de ces incredules, il faut faire ſes plus grands efforts pour lui prouver que le ſiſtême de la Religion Chrétienne ne renferme point de contradiction, & que s'il contient des choſes qui ſont au-deſſus de notre raiſon ; elles ne ſont pourtant pas contre la raiſon ni par conſéquent contradictoires: Ces preuves paroiſſent difficiles à donner ; mais elles ne doivent pas être impoſſibles pour un homme qui poſſede bien ce ſiſtême & les regles du raiſonnement.

Il faut convenir au ſurplus qu'il y a des occaſions où notre raiſon

nous

nous eſt fort incommode, ſoit que nous la ſuivions, ou que nous l'abandonnions.

Je ſuis de ce ſentiment, & je ne donne pas le raiſonnement de mon ami, ni celui de ſon Philoſophe Chinois à mes lecteurs, pour jetter des ſcrupules dans leur eſprit, fuſſent-ils même de toutes autres réligions que la notre ; mais dans l'eſpérance que quelqu'un, plus habile que moi ; voudra ſe donner la peine de le réfuter ſolidement. Pour moi je ne l'entreprends pas de crainte qu'àprès tous les efforts que j'aurois fait ; il ne m'arrivât ce qui eſt arrivé à quelques-uns de ceux qui ont écrit ſur l'immortalité de l'ame, qui ne l'ayant pas prouvée au gré des critiques ſéveres, ont été ſoupçonnés de ne la pas croire eux-mêmes.

F I N.

D   SENTI.

SENTIMENS

DES

PHILOSOPHES

SUR LA NATURE DE

L'AME.

DE toutes les matieres dont les Philofophes ont traité, il n'y en a aucune fur la quelle ils ayent été plus partagés de fentimens que fur la nature de l'ame humaine. Ils ont étudié & travaillé avec la même ardeur; les uns pour établir fon immortalité & les autres pour prouver qu'elle étoit periffable avec le corps, ainfi que celle des autres animaux.

Pour

Pour laiſſer à chacun la liberté de ſe déterminer à cet égard ſur ſes propres lumieres; nous nous contenterons de rapporter ici ſuccintement, ſans cependant rien omettre d'eſſentiel, les differentes preuves ſur leſquelles les Philoſophes de l'un & l'autre parti ſe ſont crus bien fondés pour ſoutenir chacun ſon opinion.

Il y a pluſieurs traités compoſés en faveur de la premiere opinion, tant par les anciens que par les nouveaux Philoſophes. Pic de la Mirandola en fit un dans le quinziéme ſiécle qu'on trouve imprimé dans ſes œuvres. Les fameuſes Theſes qu'il ſoutint à Rome durant quinze jours, où il s'étoit engagé de répondre en toutes langues & de deffendre l'opinion contraire à toutes les propoſitions qu'on y avanceroit, l'ayant obligé à l'ouverture de ces Theſes à ſoutenir que l'ame

l'ame humaine étoit mortelle, contre un fçavant qui avoit entrepris
de foutenir fon immortalité ; Pic
de la Mirandole allegua tant & de
fi fortes raifons pour prouver qu'elle étoit mortelle, que toutes l'af-
femblée fut convaincuë qu'il avoit
deffendu fon propre fentiment, ce
qui l'obligea à compofer durant les
nuits des quinze jours qu'il emplo-
ya fi glorieufement pour lui, fon
traité de l'immortalité de nos ames,
qu'il fit imprimer à mefure qu'il le
faifoit, & qu'il fit diftribuer le dernier jour.

CHAP.

CHAPITRE PREMIER.

Preuve de l'immortalité de l'Ame.

LEs preuves les plus plaufibles que les Philofophes tant anciens que modernes partifans de l'opinion de l'immortalité de notre ame ont allegués pour établir leur fentiment font à peu près celles-ci.

1°. Que l'excellence de l'ame humaine fur celle des animaux eft tellement manifefte, qu'il n'eft pas poffible de croire qu'elle foit de même nature, d'autant mieux que la penfée & le raifonnement lui font propres privativement aux autres, qu'ils dénotent en elle des facultez qui ne peuvent appartenir au corps, & qui par conféquent font les operations d'une fubftance differente de celle du corps. Un Philofophe du

der.

dernier siécle a expliqué plus parti-
culierement cette preuve par le raisonnement qui suit.

Je pense & cette pensée n'est pas
mon corps : cette pensée n'est ni
longue ni large ni étenduë, comme il est essentiel à la matiere qui
compose un corps de l'être ; elle n'est pas par conséquent sujette à la destruction comme lui ; car
la destruction ne peut se faire sans
division de parties ; & on ne peut
concevoir de division de parties
dans une substance qui n'a point
d'étenduë, telle qu'est la pensée :
il y a donc en moi, conclud ce
Philosophe, deux substances, l'u-
ne imperissable qui pense, est l'autre perissable qui ne pense point.

20. Que le sentiment de l'immortalité de nos ames répandu
dans toutes les nations en est une
preuve aussi veritable que naturelle.

Que

30. Que les operations de cette ame n'en emportent pas un témoignage moins touchant vû que l'homme est non seulement l'unique être qui soit doüié de la faculté de penser & de raisonner, mais encore le seul qui ait celle d'exprimer ses pensées par des sons appropriés & de les transmettre à la posterité par des caracteres dont il est l'inventeur: joint à cela que le désir, qui lui est si naturel, d'immortaliser son nom & ses actions, les monumens qu'il éleve pour en perpetuer la memoire, les substitutions qu'il fait de ses biens à ses déscendans, ou à ceux qui porteront son nom sont autant de preuves de l'ame immortelle qui est en lui, & qui voudroit, s'il étoit possible, communiquer son immortalité à la partie mortelle à laquelle elle est unie.

4°. Que les operations de cette
ame

ame font fi nobles, qu'elles dé-
montrent qu'elles ne peut deriver
que d'une fource divine & immortelle. Pour prouver cette propofition, on dit que l'homme eft l'inventeur des Arts & des fciences les
plus fublimes, qu'il a formé des
focietés qui fe font bâties des Villes, fait des loix pour régler le
corps de l'état, y maintenir la juftice & l'abondance, punir les mauvais & récompenfer les bons; qu'il
en a fait d'autres pour regler les
droits des Peres fur leurs Enfans
& le partage entre eux de leurs
biens : qu'il a trouvé l'Art de tra-
verfer les Mers les plus vaftes, &
de réünir pour fes commodités ce
que la nature avoit féparé par tant
d'efpaces : qu'il s'eft enfin élevé
jufqu'aux Cieux, qu'il fçait ce cours
des Aftres, & le tems qu'il y em-
ployent, qu'il prevoit l'avenir &
l'annonce ; qu'il eft parvenu à la
                                    connoif-

connoiſſance de l'auteur de l'univers, & qu'il lui rend un juſte culte : toutes leſquelles operations ne
peuvent, dit-on, deriver que d'u-
ne ame divine & immortelle.

5°. Que la conſtitution du corps
eſt ſi belle & ſi noble qu'il ſuffit de
la conſiderer au dehors & au dedans, pour être perſuadés qu'il eſt
le logement d'une ame ſublime.
On fait là deſſus une longue énu-
meration de la beauté de ſes parties interieures qu'on appelle l'abregé du monde & ſa repréſentation.
A l'égard de l'exterieur, après en
avoir obſervé l'excellente proportion, on ajoûte qu'il eſt le ſeul des
animaux qui marche la tête élevée
vers le Ciel ; preuve encore évi-
dente qu'il tire de la ſon origine &
qu'il doit y retourner.

6°. Que tous les animaux le reſ-
pecte, & le craignent, même ceux
qui ont des forces bien ſuperieures
aux

aux siennes, & qu'ils lui sont soumis. Cette supériorité, dit-on, ne peut venir que de celle de son ame sur la leur, & établit manifestement la difference de nature qui se trouve entre l'ame humaine & celle des bêtes, & l'immortalité de la premiere.

7°. Que ce seroit en vain que l'homme adoreroit ce Créateur du Ciel & de la terre & lui rendroit des hommages, qu'il s'abstiendroit du mal pour faire le bien s'il ne devoit y avoir aucune récompense pour les bonnes actions ni aucune punition pour les mauvaises : or comme ces récompenses & ces châtimens n'ont pas toûjours lieu dans cette vie ; puis que la plus part des innocens la quittent sans avoir reçû aucun prix de leur vertu, & que plusieurs méchans la passent dans une suite continuelle de plaisirs & de prospérités, il est nécessaire, dit-on, on, qu'il y en ait une autre où ceux-ci font punis de leurs crimes, & les autres récompenfés de leurs vertus; fans quoi Dieu ne feroit pas jufte, ce qui n'eft pas poffible, vû qu'il eft un être infiniment parfait. Or cette autre vie prouve & conftate l'immortalité de nos ames, dont l'anneantiffement rendroit cette autre vie inutile.

On joint à ce-ci des exemples, des châtimens & des récompenfes furnaturelles & nombreufes dès cette vie, dont les hiftoires nous ont confervé la mémoire, par lefquelles il eft prouvé que Dieu à pris foins d'établir parmi les hommes la verité de fa juftice, foins qui font des affurances qu'elle doit s'étendre à une autre vie, lorsqu'elle n'a pas été exercée dans celle-ci : ce qui ne pourroit être fi nos ames periffoient avec le corps.

Qu'on

80. Qu'on a une autre preuvre que la subſtance de nos ames eſt impériſſable & indépendante de nos corps dans l'exiſtance des démons, des genies, des eſprits folets & de toutes les ſubſtances aëriennes, laquelle exiſtance eſt établie par une infinité de témoignages qui nous ont été tranſmis des ſiecles paſſez & qui ne manquent pas en ces derniers, & dans les apparitions extraordinaires & ſurnaturelles. Les voix ſans corps entendus dans les airs, comme fut celle-ci (le grand Dieu pan eſt mort) qui ſe fit entendre par toute l'Aſie nous ſont d'autres preuves convainquantes qu'il y a veritablement des ſubſtances indépendantes de la matiere, & une aſſurance que l'ame humaine qui eſt de la même nature que ces ſubſtances peut-être ſéparée du corps au quel elle eſt unie, ſans qu'elle ſoit ſujette à l'a-

E   néantiſ

néantiſſement.

9°. On ajoûte à toutes ces preu-ves l'autorité des Religions confir-mées par des miracles du premier ordre & annoncées de loin par des Prophéties qui ne ſont pas des té-moignages moins invincibles de leurs verités. On fait ici le détail des prodiges de l'Egypte, de ceux du Mont Sinaï qui ont accompa-gné le peuple Juif dans la terre de promiſſion & continué dépuis juſ-qu'à la deſtruction de ſon Temple predite ſi autentiquement. On rap-porte les miracles éclatans qui ont caracteriſé & atteſté la Miſſion de Jeſus-Chriſt, & la ſainteté de ſon Egliſe dépuis ſa naiſſance juſqu'à ce tems. On fait valoir le progrés & la durée de ces Religions qui nous ont développé ce miſtere de l'union d'une ame immortelle avec un corps ſujet a la deſtruction, & qui nous ont démontré, dit-on

par

par des faits, la poſſibilité de ſon exiſtence indépendamment du corps.

100. Enfin on obſerve que ceux qui nient l'immortalité de nos ames ſont ordinairement des libertins, ou des méchans que la crainte de la punition en une autre vie, des crimes qu'ils ont commis en celle-ci porte à s'imaginer qu'il n'y en a pas & à ſoutenir que l'ame meurt avec le corps.

CHAPITRE DEUXIE'ME.

Ce que disent les Partisans de la mortalité de l'ame pour réfuter les preuves précedentes.

Ceux qui soutiennent que nos ames sont anéanties avec nos corps, aux quels elles sont unies, prétendent qu'on doit d'abord retrancher des preuves de l'immortalité de l'ame, l'autorité des Religions, les histoires des miracles & des prodiges, les opinions des substances Aëriennes, & toutes les conséquences qu'on tire de là en faveur de cette immortalité.

Pour le prouver ils disent 1o. que les histoires de tous les tems & de tous les pays contiennent une infinité de faits extraordinaires & surnaturelles que la superstition d'un côté, l'ignorance des peuples de l'autre

l'autre & l'intérêt avec l'adresse de
ceux qui leur ont voulu imposer
des loix ont fait passer pour véritables.

Pour en démontrer la fausseté
ils citent aux Chrêtiens les miracles & les prodiges des Payens &
des Mahometans ; & à ceux-ci les
miracles des autres, qui ne peuvent être en même tems véritables
dans deux différentes Réligions qui
s'accusent réciproquement de fauf-
seté, & qui doivent être fausses au
moins les unes ou les autres. Ils
citent aux Chrêtiens & aux Juifs
des prodiges & des miracles in-
nombrables attestés dans les livres des Payens & dans ceux des
Mahometans.

Ils rapórtent entre autres les té-
moignages de certains historiens ,
lesquels ont assurés qu'il y avoit des
Roys en Egipte dont ils citent les
noms, lesquels s'élevoient quelque

fois en préfence des peuples juf-
que dans les nuës. Ils difent entre
autres qu'un de cès Roys , aprés
leur avoir donné des loix & recom-
mandé de les obferver, s'éleva de
cette forte au milieu d'eux, en leur
difant, qu'il viendroit les revoir ;
& qu'il fe montra en effet à eux
aprés plufieurs mois ; pendant
qu'ils étoient affemblés dans un
Temple , qu'il leur parut brillânt
de lumiere, leur parla & les invita
de nouveau à l'obfervation de fes
loix , leur annonçant qu'il alloit
les quitter pour toûjours : il difpa-
rut en achevant ces paroles.

Une autre fois ils virent, dit-on,
de leurs yeux ce que l'on voit écrit
dans l'hiftoire du troifiéme fiécle
de l'Ere Mahometane ; fçavoir ,
qu'un Calif regnant en Babilonne
où il avoit bâti un Colége pour y
enfeigner la Doctrine du Chaffay
l'un des célebres interpretes de
leurs

leurs loix, mort & enseveli au
grand Caire; écrivit au Gouverneur qu'il avoit en Egypte de lui
envoyer le corps de ce Docteur
pour être déposé dans son Colége
& le rendre plus illustre: ce que ce
Gouverneur ayant voulu exécuter
avec la plus grande solemnité, il s'é-
toit transporté accompagné de tout
ce qu'il y avoit de plus illustre &
d'un peuple innombrable à l'endroit de la sepulture du Chaffay
pour en tirer le corps; mais que ceux
qu'on avoit employés à ôter la terre
qui le couvroit ne furent pas plûtôt
arrivés au voisinage du cercuëil,
qu'il en sortit une flamme dont ils
resterent tous aveuglés; du quel miracle il fut dressé un procès-verbal
qui fut attesté & signé du Gouverneur, des autres Officiers du Ro-
yaume & de plus de deux mille personnes. On envoya ce procès-verbal
au Calife qui en fi tirert un grand

E 4   nombre

nombre de copies autentiques qu'il fit passer en tous les lieux où la Religion Mahometane s'étoit dès-lors répanduë. Ils citent encore ce qui est rapporté dans l'histoire d'un Empereur Romain qui rendit dans son passage à Alexandrie la vûë à un aveugle né.

Ils objectent au contraire aux Mahometans & aux Juifs la résurrection de Jesus-Christ que les partisans de ces deux Religions nient avec tant d'autres miracles attestés dans les histoires en faveur du Christianisme.

3°. Ils observent sur les miracles en géneral qu'on n'en a raporté aucun d'un homme décapité publiquement qui ait reçû dépuis, quoi que ce miracle ne soit point au-dessus de celui de la résurrection d'un mort veritablement fletri ; d'où ils prétendent avoir raison de conclure que tous les autres sont faux

faux & fuppofé. Parmi tant de miracles qu'on raporte avoir été faits dans tous les genres, on n'en a excepté que celui d'un homme publiquement décapité & encore vivant, parce qu'un tel prodige, difent-ils, eft le feul d'une nature à ne pouvoir être fuppofé ni imité par aucun artifice.

4°. Ils nient l'exiftence de tous efprits féparés du corps, quelques noms qu'on leur ait donné & regarde comme des fables ce qui eft avancé là deffus, prétendant que tout ce qu'on en dit eft de même nature que ce qui a été dit anciennement des oracles, qu'on convient aujourd'hi généralement n'avoir été que l'effet de l'avarice & de l'adreffe des facrificateurs & des Prétreffes favorifées de la fuperftition des peuples de ce tems.

5o. A l'égard des preuves qu'on tire pour l'immortalité de l'ame

E 5   humaine

humaine de l'excellence de ses operations ; ils prétendent que toute
la différence de la raison humaine
à celle des animaux ne consiste que
dans celle de l'organisation de leur
cerveau , qui se trouve dans les
hommes d'une disposition plus propre au raisonnement qu'il ne l'est
dans les autres animaux.

Ils observent à cet égard que le
chien connoît son maître, & qu'il
a de l'amour pour lui & de la haine contre celui qui l'a frappé : que
les castors se bâtissent des maisons,
s'unissent à leurs semblables pour
faire des ouvrages au-dessus de la
force d'un seul, & qu'ils punissent
& banisses de leur societé ceux
d'entre eux qui ne veulent point
travailler ; que les abeilles & les
fourmis font des provisions pour
l'hyver , qu'elles tirent les morts
de leurs habitations pour n'en être
pas incommodées, composent des
républiques

républiques & ont leurs loix; &
ils foutiennent que ce qui produit
ces opérations dans les animaux
eft ce qui fait dans l'homme celles par les quelles on prétend établir la différence de fon ame avec
celle des bêtes. Si vous compre-
nez, difent-ils, ce qui donne lieu
dans les animaux à toutes ces opérations & comment elles fe font
en eux ; vous fçavez en fuppofant
une plus grande perfection dans
les organes dont elles font l'effet,
quel eft l'inftrument & la caufe
dans l'homme de la penfée & du
raifonnement. Le propre du cerveau eft, difent-ils, dans tous les
animaux, de penfer, de juger des
rapports qui lui font faits par les
autres fens & de les combiner,
comme celui de l'œil eft de voir,
& celui de l'oreille d'entendre ; le
plus ou moins de perfection dans
toutes ces opérations n'étant que
l'effet

l'effet de la différente compofition ou arrangement des parties, dans les organes, qui en font les inftrumens.

Si l'homme raifonne mieux que les autres animaux c'eft, difen-ils, que la conftitution de fon cerveau eft plus propre que la leur à juger des images qui lui font prefentées par les autres fens. Si le chien a l'odorat plus fin, l'aigle la vûë meilleure, le chat l'oüie plus fubtile; c'eft que les organes de ces fenfations font meilleures dans ces animaux que dans l'homme: mais cette différence ne conftituë pas une diverfité de fubftance entre ce qui penfe, voit, adore & entend mieux & ce qui le fait moins bien; elle dénote feulement une difpofition d'organes plus favorable dans ceux dans lefquels ces fens ont plus de force qu'elle n'en a dans ceux en qui ils en ont moins.

Pour

Pour établir d'autant mieux que le raisonnement dans l'homme est uniquement l'effet de la disposition des organes de son cerveau, ils observent encore qu'il est si peu raisonnable à sa naissance qu'il n'a pas même le discernement qu'ont tous les autres animaux de connoître & de prendre de lui-même la mammelle qui le doit allaiter ; que la raison ne croît dans aucun animal aussi lentement que dans l'homme ; parce qu'il n'y en a aucun dont les organes du cerveau soient si foibles à sa naissance & ayent besoin de tems pour acquerir l'état propre à bien raisonner : que cette proprieté est si fort dépendante en lui de l'état de ses organes, qu'il y a des hommes chez lesquels elle est toûjours languissante & imparfaite ; parce que les instrumens dont elle dépend sont chez eux naturellement mauvais & incapables

incapables de se perfectionner. Ils disent encore que si ces organes viennent à se déranger ou à s'user dans les hommes qui raisonnent le mieux, leur raison s'affoiblit & se dérange à proportion, souvent jusques à un tel point que ces hommes après s'être fait admirer par la force de leur raison vivent encore vingt & trente ans, sans qu'il en paroisse en eux le moindre vestige.

Cette observation fit tant d'impression sur Vanhelmon grand Philosophe du dernier siecle qui avoit fait des longues Méditations sur cette matiere que, quoi qu'il n'osât nier ouvertement l'existence de l'ame raisonnable & immortelle dans l'homme ; il fut néanmoins obligé de reconnoître dans ses ouvrages qu'elle étoit tellement ensevelie en lui pendant qu'il vivoit qu'elle ne donnoit aucun signe d'elle : ce qui est déclarer en termes
mes

mes non équivoques que ce qui nous apparoît en l'homme, qu'on nomme raison n'eft que l'armonie produite du concours des images que tous les autres fens rapportent dans celui du cerveau, & que le vulgaire fe repréfente comme l'effet d'un être fpirituel & raifonnable par fon effence entierement diftincte du corps, incapable de deftruction, & qui fubfiftera après celle du corps auquel il eft uni durant cette vie, & indépendamment du quel il verra, entendra & raifonnera par lui-même : ce qui eft, continuent-il, auffi faux qu'inconcevable ; la penfée & le raifonnement n'étant qu'une modification des organes, fans les quels il peuvent auffi peu fubfifter que la couleur fans corps & l'étenduë fans matiére. Ils ajoûtent que ce qui dans l'homme donne lieu au raifonnement & à la penfée eft eſt également ſujet en lui comme dans les autres animaux à la deſtruction ; la qu'elle eſt inevitable lors que la lumiere entretenuë en cet endroit par les eſprits que le ſang fournit vient à s'éteindre ; lumiere à la faveur de la qu'elle cette partie juge ſur les rapports exterieurs ; lumiere qui eſt interrompuë par les vapeurs du ſommeil , parce qu'àlors le ſang ne fournit plus les eſprits , ou ne les fournit pas avec la même abondance ; lumiere qui eſt obſcurcie par les vapeurs d'une fievre ardente ; diſtraite par une grande application de cette partie à certains objets;en ſorte que l'animal ne voit ni n'entend rien, quoi que les yeux & les oreilles ouverts quand ſes ſens ſont affoiblis par le deſſeichement des canaux qui leur fourniſſent de l'aliment ou par la diminution de cet aliment. Cette diminution eſt cauſée fée par une appoplexie ou autre maladie violente, comme les canaux font entierement defléchés par la mort : lumiere enfin qui n'a rien de différent de celle d'une lampe allumée, la qu'elle fe perd, fe confond & fe mêle à l'air, fans que la matiere de cette lumiere foit réellement anéantie, & fans qu'elle fubfifte autrement qu'elle ne faifoit avent qu'elle fut unie à cette lampe.

Un Philofophe moderne à expliqué tout cela d'une maniere particuliere & plus fenfible, nous allons rapporter en abregé ce qu'il en a dit & penfé.

CHAP.

CHAPITRE TROISIE'ME.

Sentiment de Spinosa.

Ce Philosophe, l'un de ceux qui paroît avoir le plus étudié la matiere dont nous traitons, prétend qu'il y a une ame universelle répanduë dans toute la matiere & sur tout dans l'air ; de laquelle toutes les ames particulieres sont tirées : que cette ame universelle est composée d'une matiere déliée & propre au mouvement, telle qu'est celle du feu, que cette matiere est toûjours prête à s'unir aux sujets disposés à recevoir la vie ; comme la matiere de la flamme est prête à s'attacher aux choses combustibles qui sont dans la disposition d'être embrasées.

Que cette matiere unie au corps de l'animal y entretient, du mo-

ment

ment qu'elle y est insinuée jusqu'à celui qu'elle l'abandonne & se réünit à son tout, le double mouvemens des poulmons dans lequel la vie consiste & qui est la mesure de sa durée.

Que cette ame ou cet esprit de vie est constamment & sans variation de substance le même, en quelque corps qu'il se trouve, separé ou réüni : qu'il n'y a enfin aucune diversité de nature dans la matiere animante qui fait les ames particulieres raisonnables, sensitives, vegetatives, comme il vous plaira de les nommer ; mais que la différence qui se voit entre elles ne consiste que dans celle de la matiere qui s'en trouve animée & dans la différence des organes qu'elle est employée à mouvoir dans les animaux ou dans la différente disposition des parties de l'arbre ou de la plante qu'elle anime : semblable

à

à la matiere de la flamme uniforme dans son Essence, mais plus
ou moins brillante ou vive suivant
la substance à la qu'elle elle se trouve assez réünie pour nous paroître
belle & nette lors qu'elle est atta-
chée à une bougie de cire puri-
fiée, obscure & languissante lors
qu'elle est jointe à la graisse ou à
une chandelle de suif grossier. Il
ajoûte que même parmi les cires il
y en a de plus nettes & de plus pu-
res ; qu'il y a de la cire jeaune &
de la cire blanche.

Il y a aussi des hommes de différentes qualités : ce qui seul cons-
tituë plusieurs degrés de perfection
dans leur raisonnement y ayant une
différence infinie là dessus, non
seulement des hommes de l'espece
blanche à ceux de la noire, & entre ceux des diverses nations dont
la terre est peuplée, mais même
entre les sujets d'une même espece

&

& nation , & les perſonnes d'une même famille. On peut même , ajoûte-t'il, perfectionner en l'homme les puiſſances de l'ame ou de l'entendement en fortifiant les organes par le ſecours des ſciences , de l'éducation , de l'abſtinence, de certaines nourritures & boiſſons , & par l'uſage d'autres alimens : ces puiſſances s'affoibliſſent au contraire par une vie déreglée , par des paſſions violentes , les calamités , les maladies & la vieilleſſe. Ce qui eſt une preuve invincible que ces puiſſances ne ſont que l'effet des organes du corps conſtitués d'une certaine maniere.

Ce ci s'accorde aſſez avec l'opinion autres fois ſi generalement reçûë dans le monde , & adoptée de preſque tous les Philoſophes de ce tems , du paſſage des ames d'un corps dans un autre , & s'explique fort naturellement dans ce ſiſtême ;

fiſtême ; étant évident par ces obſervations que la portion de l'ame univerſelle ou parties de cette portion qui aura ſervi à animer un corps humain pourra ſervir à animer celui d'une autre eſpece : & pareillement celles dont les corps d'autres animaux auront été animés, & celle qui aura fait pouſſer un arbre, ou une plante pourra être employée réciproquement à animer des corps humains ; de la même maniere que les parties de la flamme qui auroient embraſé du bois pourroient embraſer une autre matiere combuſtible.

Ce Philoſophe moderne pouſſe cette penſée plus loin, & il prétend qu'il n'y a pas de moment où les ames particulieres ne ſe renouvellent dans les corps animés par une ſucceſſion continuelle des parties de l'ame univerſelle aux particulieres ; ainſi que les particules de

la

la lumiere d'une bougie ou d'une autre flamme font fans ceffe fuppléé par d'autres qui les chaffent , & font chaffées à leur tour par d'autres.

En vain ajoûte-t'il, les Egiptiens fe perfuadoient-ils , qu'après un certain tems limité, pendant lequel la portion de l'ame univerfelle dont leur corps auroit été animé pafferoit fucceffivement dans d'autres corps, cette partie acqueroit le don d'un être particulier, fpirituel & immortel. En vain fur cette efpérance & l'opinion que leurs corps reftants entiers leurs ames ne pafferoient pas en d'autres habitations, ils les faifoient embeaumer & conferver avec foin. Envain les banians dans la crainte de manger l'ame de leurs freres , s'abftiennent encore aujourd'hui de tout ce qui a eu vie. Et en vain les anciens Juifs fe font-ils fait une

loi

loi de ne point manger le fang des animaux (loi qui s'obferve encore aujourd'hui parmi les malheureux reftes de cette nation.) Envain, dis-je, fe font-ils fait une telle loi pour cette feule raifon qu'ils penfoient que c'étoit dans le fang que confiftoit leur ame; car la réunion des ames particulieres à la generale, à la mort de l'animal, eft auffi promte & auffi entiere que le retour de la flamme à fon principe, auffi-tôt qu'elle eft féparée de la matiere à la qu'elle elle étoit unie. L'efprit de vie dans lequel les ames confiftent, d'une nature encore plus fubtile que celle de la flamme, fi elle n'eft la même, n'eft ni fufceptible d'une féparation permanente de la matiere dont il eft tiré, ni capable d'être mangé, & eft immédiatement & effentiellement uni dans l'animal vivant avec l'air dont fa refpiration eft entretenuë.

Cet

Cet efprit eft porté, ajoûte notre Philofophe, fans interruption
dans les poulmons de l'animal avec
l'air qui entretient leur mouvement : il eft pouffé avec lui dans
les veines par le fouffle des poulmons; il eft répandu par celles-ci
dans toutes les autres parties du
corps. Il fait le marcher & le tou-
cher dans les unes, le voir, l'entendre, le raifonner dans les autres.
Il donne lieu aux diverfes paffions
de l'animal. Ses fonctions fe per-
fectionnent & s'affoibliffent felon
l'accroiffement ou diminution des
forces dans les organes. Elles cef-
fent totalement ; & cet efprit de
vie s'envole & fe réünit au géné-
ral, lors que les difpofitions qui le
maintenoient dans le particulier
viennent à ceffer.

F CHAP.

CHAPITRE QUATRIE'ME.

Suite de la réfutation des preuves de l'immortalité de l'ame.

A l'égard de la preuve qu'on prétend tirer de la compofition du
corps humain pour l'immortalité
de fon ame, ceux qui la nient font
voir qu'elle eft une pure imagination; qu'il n'y a rien dans l'intérieur de l'homme qui le diftingue
des autres animaux : que les organes d'un moucheron & du plus
petit des infectes font d'autant plus
admirables que dans une petiteffe
qui échape au meilleur microfco-
pe, ils font les mêmes que ceux de
l'homme ; qu'ils ont un cœur,
des poulmons & des entrailles comme nous. Qu'à l'égard de l'exté-
rieur, plufieurs animaux furpaffent
en beauté celui de l'homme ; le
plumage

plumage admirable de cent oiseaux
différens, les peaux de tant d'animaux si diversement & si agréa-
blement marqués & colorés étant
bien au-dessus de la nudité du corps
humain, de ses cheveux, de son
poil & de sa barbe, dont il est bien
plus défiguré qu'orné. Que l'aigle
à l'œil mille fois plus vif & plus
perçant que l'homme, qu'il voit
du plus haut des nuës le plus petit
animal qui rampe sur la terre,
qu'il regarde fixément le soleil sans
en être incommodé; que l'homme est foible en comparaison de
certains animaux; plus tardif à la
course, moins courageux; qu'il
ne vit pas en comparaison d'un
Cerf, qu'il n'a aucune deffense naturelle, & qu'il est obligé de se
faire des armes pour supléer à celles que la nature lui a réfusées, &
de s'environner de murs pour se
garantir de l'insulte des autres animaux.　　　　F 2　　　Quand

Quand à l'avantage qu'on prétend tirer en faveur de l'immortalité de son ame de l'opinion repanduë parmi diverses nations d'une autre vie après celle-ci ; les partisans de l'opinion contraire disent qu'une telle croyance est moins une preuve de cette immortalité que de l'amour propre des hommes ; lesquels ne pouvant penser qu'avec douleur à la certitude de leur anéantissement, ont imaginé cette flatteuse maniere d'exister après la destruction du corps dans une partie d'eux mêmes qui ne seroit pas sujette à cette destruction.

Que les Législateurs & les Magistrats ont toûjours favorisé cette opinion dans la vûë de contenir les méchans par la crainte des peines inévitables pour eux dans une autre vie en punition des crimes qu'ils auroient commis dans celleci & dont ils n'auroient point été châtiés ;

châtiés ; & d'exciter les hommes à la vertu par l'espoir d'une récompense après leur mort des bonnes œuvres qui auroient exercé durant cette vie.

Quels Ministres des réligions intéressés à faire valoir ces sentimens à cause des offrandes que les autres font par leurs mains à la divinité, les uns en expiation de leurs crimes, & les autres pour se la rendre propice apres leur mort, n'oublioient rien pour les inspirer aux peuples : que de la sont venuës les descriptions de la vie heureuse préparée aux manes des bons dans les champs élisées, & celle des tourmens aux quels celles des méchans seront livrées après leur mort, les roües des Jxions & les autres suplices qu'on lit dans les livres des Grecs & des Romains.

Que les Législateurs des derniers siécles pour reprimer la supériori-

té

té que l'efprit humain commen-
çoit de prendre fur cette opinion,
ont crû ne pouvoir employer à cet
effet rien de plus puiffant que
d'augmenter au point qu'on le voit
dans leurs livres, les images de félicité en une autre vie pour les bons,
& de tourmens pour les méchans:
fans qu'il y ait rien de plus réel en
cela que dans le bonheur & les fup-
plices chanté anciennement par les
Poëtes, pour les uns & pour les
autres.

Qu'il n'eft pas étonnant que ces
peintures du bien & du mal faites
aux enfans dès le berceau prévalent
fur les actes poftérieurs de leur raifon, & foient crus par des hommes naturellement foibles, remplis de crainte, d'efpérance & de
foumiffion pour les dogmes d'une
Réligion qu'ils ont fuccés avec le
lait, & que les penfées de la mort
renouvellent à mefure qu'ils en
appro-

approchent d'avantage.

Que cépendant l'opinion de l'immortalité de l'ame n'a jamais été genérale & ne le fera apparemment jamais ; que la plus part des anciens Philofophes l'ont cruë mortelle ou paffagere d'un corps dans l'autre, ainfi que leurs livres en font foy ; que plufieurs d'entre les Juifs, ainfi qu'on peut le lire dans Jofeph leur hiftorien , ces hommes fi rigides obfervateurs d'une rude loi ne croyoient pas l'immortalité de l'ame & n'attendoient de la divinité que des peines ou des récompenfes temporelles de leur attachement, ou de leur infidélité à l'exécution de ce qui leur étoit ordonné ; & que ce ne fut que fous le régne d'Augufte que la fecte des Effeniens , dont étoit Jefus-Chrift , fe diftingua par cette nouvelle opinion.

Quand à la conféquence qu'on
tire

tire de la néceffité d'une autre vie
où les bons non récompenfés en
celle-ci de leurs vertus & les méchans non punis de leurs crimes
trouve cette récompenfe ou cette
punition ; ils nient cette néceffité
& difent que les bons font récompenfés dès-celle-ci de leurs vertus
ou par l'eftime des autres hommes
de laquelle ils joüiffent ou par le
témoignage de leur propre conf-
cience. Que d'ailleurs le bien ou le
mal, hors la douleur, n'étant qu'o-
pinion la privation des hommes ,
des richeffes , des commodités ,
même de la vie, n'eft un mal que
pour ceux qui s'en affligent : & la
poffeffion des mêmes chofes qu'un
bien pour ceux qui les regardent
comme tels ; que faire du bien ,
aider fon prochain eft une fatisfac-
tion qui tient lieu de récompenfe
dans cette vie à ceux qui le font ;
qu'oprimer fon voifin , lui ravir
les

les biens ou la vie est une conduire qui produit dans les cœurs des
remords ou des craintes qui tien-
nent lieu aux méchans des peines
prononcées par les loix contre ceux
qui commettent ces violences, lors
qu'elles restent impunies.

Ils ajoûtent que souffrir la douleur, les maladies, les infirmités
avec constance est une diminution
& un soulagement à ces maux &
un moyen d'y résister ou d'en guérir : qu'endurer les persécutions ou
les traverses avec patience ou sou-
mission est un moyen de les moins
sentir. Que la tranquillité de l'ame
au milieu des adversités est préférable au remords & aux craintes
qu'éprouvent les injustes & les méchans au milieu des biens & des
honneurs qu'ils ont acquis par des
voyes blamables.

Qu'enfin il n'y a aucune obligation pour Dieu de récompenser

les

les bonnes actions ou de punir les mauvaises ; ni par conséquent de nécessité qu'il y ait une autre vie où les hommes reçoivent ces peines ou ces récompenses qu'ils nous paroissent n'avoir point reçûes dans celle-ci: qu'on pourroit tirer la même conséquence de l'impunité en cette vie de cent meurtres que le Tigre, le Lyon, & d'autres animaux commettent journellement de leurs pareils. Que c'est une illusion de notre amour propre de nous imaginer que nous sommes d'une nature si différente de la leur & si excellente, qu'il est nécessaire qu'il y ait une autre vie où Dieu est obligé de rendre aux hommes une justice qu'ils estiment n'avoir pas reçûë dans celle-ci.

Pour ce qui est de l'objection qu'il n'y a que les libertins ou les impies qui cherchent à se persuader de l'anéantissement de leurs ames

ames par la crainte d'un avenir fâ-
cheux pour eux dans une autre vie;
ils réponde? que les promesses du
pardon des plus grandes fautes pour
un seul repentir de les avoir com-
mises, jointes à la réconnoissance
de l'expiateur & de ses mérites an-
noncés dans la réligion chrétienne; & pour un seul acte de pro-
fession d'un seul Dieu, & du choix
qu'il a fait de Mahomet pour l'ac-
complissement de la loi suffisant
dans la réligion Mahometane pour
éviter les supplices préparés dans
une autre vie à ceux qui n'entre-
ront pas dans ces dispositions ; &
mériter au contraire des biens iné-
fables.

Cette idée bien loin de porter
les libertins & les impies à com-
batre, avec tant de risque pour
eux, l'opinion de l'immortalité
de l'ame, les doit au contraire engager à embrasser un parti qui doit
leur

leur coûter si peu pour les rendre éternellement heureux & leur épargner des supplices sans fin.

Enfin après avoir combattu de cette sorte les raisons dont on prétend prouver l'immortalité de l'ame humaine ; ils ajoûtent qu'il n'y en a aucune de concluante, & qu'elles ne font au plus à notre amour propre que des motifs de l'espérer, & de flatter de la possibilité d'une chose inconcevable à l'esprit & totalement opposée au rapport de nos sens. Qu'il ne s'est point fait fur cette matiere si intéressante pour nous des nouvélles découvertes, dépuis ce qu'un grang Philosophe précepteur d'un Empéreur Romain écrivoit à un de ses amis, il y a mille sept cent ans. Quand votre lettre m'est revenuë, lui disoit-il, en lui faisant réponse, j'étois occupé à la lecture de ce que les Philosophes ont écrit sur la nature

ture de l'ame humaine ; de l'immortalité de laquelle ils nous donnent bien plus d'espérance qu'ils
ne nous apportent de preuves :
*legebam libros Philosophorum ,
animarum immortalitatem pro-
mittentium magis quam proban-
tium ;* & ils concluent en assurant
que c'est encore le jugement qu'on
doit porter aujourd'hui de toutes
les raisons que l'on allegue en faveur de cette immortalité.

Ils rapportent contre l'autorité
des Evangiles en faveur de cette
opinion le passage suivant.

*Messalâ consule , anastasio Im-
peratore jubente , Sancta Evange-
lia , tanquam ab idiotis Evange-
listis composita , reprehenduntur
& emandatur.*

Ce passage est tiré du Chronicon
de Victor Muis , Evêque d'Affri-
que , qui fleurissoit dans le sixiéme
siécle. L'Abbé Houtteville dans

G　　　son

fon livre de la Religion Chrétienne * à employé deux pages pour ruïner la conféquence qu'on tire de ce paflage contre l'anthenticité des Evangiles ; mais il en réfulte toûjours que l'altération fi bien marquée à été faite.

* 70.

F I N.

TRAITE'

TRAITE'

DE LA LIBERTE' PAR M...

divifé en 4. Parties.

Premiere Partie.

ON fuppofe toûjours la liberté des hommes & la Prefcience de Dieu fur les actions libres des hommes , & la difference n'eft que d'accorder enfemble ces deux chofe là , cépendant ni l'une ni l'autre n'eft pas trop prouvée , peut-être même s'embaraffe-t'on d'une queftion dont les parties ne font pas vrayes. Je prend la chofe de plus loin & j'examine premie-rement , fi Dieu peut prévoir les actions des caufes libres , & enfe-cond , fi les hommes le font.

G 2   Sur

Sur la premiere queſtion, je dis, que j'appelle preſcience toute connoiſſance de l'avenir.

La nature de la preſcience de Dieu m'eſt inconnuë, mais je connois dans les hommes cette preſcience par laquelle je puis juger de celle de Dieu, parce qu'elle eſt commune à Dieu & à tous les hommes.

Les Aſtronomes prévoient infailliblement les Eclipſes ; Dieu les prevoit auſſi.

Cette preſcience de Dieu & cette preſcience des Aſtronomes ſur les Eclipſes conviennent en ce que Dieu & les Aſtronomes connoiſſent un ordre néceſſaire & invariable dans le mouvement des corps céleſtes, & qu'ils prévoient par conſéquent les Eclipſes qui ſont dans cet ordre-là.

Ces preſciences different, premierement, en ce que Dieu connoît

noît dans les mouvemens céleftes, l'ordre qu'il y a mis lui même & que les Aftronomes ne font pas les Auteurs de l'ordre qu'ils y connoiffent.

Secondement en ce que la prefcience de Dieu eft tout-à-fait exacte, & que celle des Aftronomes ne l'eft pas; parce que les lignes des mouvemens céleftes ne font pas fi régulieres qu'ils le fuppofent, & que leurs obfervations ne peuvent pas être de la pemiere jufteffe.

On n'y peut trouver d'autres convenances, n'y d'autres différences.

Pour rendre la préfcience des Aftronomes fur les Eclipfes égale à celle de Dieu, il ne faudroit que remplir ces différences.

La premiere ne fait rien d'elle-même à la chofe, il n'importe pas d'avoir établi un ordre pour en

G 3   prévoir

prévoir les fuites, il fuffit de connoître cet ordre auffi parfaitement
que fi on l'avoit établi, & quoi
qu'on ne puiffe pas en être l'Auteur fans le connoître, on peut le
connoître fans en être l'Auteur.

En effet, fi la prefcience ne fe
trouvoit qu'où fe trouve la puiffance, il n'y auroit aucune prefcience dans les Aftronomes fur les
mouvemens céleftes, puifqu'ils n'y
ont aucune puiffance. Ainfi Dieu
n'a pas la prefcience en qualité
d'Auteur de toutes les chofes, mais
il l'a en qualité d'être qui connoît
l'ordre qui eft en toutes chofes.

Il ne refte donc qu'à remplir la
deuxiéme différence qui eft entre
la prefcience de Dieu & celles des
Aftronomes. Il ne faut pour cela
que fuppofer les Aftronomes parfaitement inftruits de l'irrégularité
des mouvemens céleftes & les obfervations de la derniere jufteffe.

II

Il n'y a nulle abſurdité à cette ſuppoſition.

Ce ſeroit donc avec cette condition qu'on pourroit aſſurer ſans
témérité, que preſcience des Aſtronomes ſur les Eclipſes, ſeroit
preciſément égale à celle de Dieu
en qualité de ſimple preſcience :
donc la preſcience de Dieu ſur les
Eclipſes ne s'étendroit pas à des
choſes où celle des Aſtronomes ne
pourroit s'étendre.

Or il eſt certain que quelques
habiles que fuſſent les Aſtronomes, ils ne pourroient pas prévoir
les Eclipſes, ſi le Soleil ou la Lu-
ne pouvoient quelquefois ſe dé-
tourner de leurs cours indépendamment de quelque cauſe que ce
ſoit, & de toute regle.

Donc Dieu ne pourroit pas non
plus prévoir les Eclipſes, & ce
deffaut de preſcience en Dieu ne
viendroit non plus que d'où vien-

droit

droit le deffaut de prefcience des Aftronomes.

Or le deffaut de prefcience dans les Aftronomes ne viendroit pas de ce qu'ils ne feroient pas les Auteurs des mouvemens céleftes, puis que cela eft indifférent à la prefcience, ni de ce qu'ils ne connoîtroient pas aflez bien les mouvemens, puis qu'on fuppofe qu'ils les con-noîtroient aufli bien qu'il feroit poflible ; mais le deffaut de pref-cience en eux, viendroit unique-ment de ce que l'ordre établi dans les mouvemens céleftes ne feroit pas néceflaire & invariable : donc de cette même caufe viendroit en Dieu le deffaut de prefcience.

Donc Dieu bien qu'infiniment puiflant & infiniment intelligent, ne peut jamais prévoir ce qui ne dépend pas d'un ordre néceflaire & invariable.

Donc Dieu ne prévoit point du tout

tout les actions des causes qu'on appelle libres.

D'où il n'y a point de causes libres, où Dieu ne prévoit point leurs actions.

En effet il est aisé de concevoir que Dieu prevoit infailliblement tout ce qui regarde l'ordre phisique de l'univers, parce que cet ordre est néceflaire & fujet à des régles invariables qu'il a établies. Voila le principe de fa prefcience.

Mais fur quel principe pourroit-il prévoir les actions d'une caufe que rien ne pourroit déterminer néceflairement? le fecond principe de prefcience qui devroit être différent de l'autre, eft abfolument inconcevable; & puifque nous en avons un qui eft aifé à concevoir, il eft plus naturel & plus conforme à l'idée de la fimplicité de Dieu de croire que ce principe eft

G 5   le

le feul fur lequel toute fa prefcien-
eft fondée.

Il n'eft point de la grandeur de
Dieu de prévoir des chofes qu'il
auroit faites lui-même de nature à
ne pouvoir être prévuës.

Deuxiéme Partie.

Il ne faudroit donc point ôter la
liberté aux hommes pour conferver à Dieu une prefcience univerfelle, mais il faudroit auparavant
favoir fi l'homme eft libre en effet.

Examinons cette deuxiéme queftion en elle-même & fur ces principes effentiels, fans même avoir
égard au préjugé du fentiment que
nous avons de notre liberté, &
fans nous embarraffer de fes conféquences, voici ma penfée.

Ce qui eft dépendant d'une chofe à certaines proportions avec cette

te même chose là, c'est-à-dire, qu'il reçoit des changemens quand elle en reçoit selon la nature de leur proportion.

Ce qui est indépendant d'une chose n'a aucune proportion avec elle, en sorte qu'il demeure égal quand elle reçoit des augmentations & des diminutions.

Je suppose avec tous les Metaphisiciens. 1º. Que l'ame pense selon que le cerveau est disposé, & qu'à de certaines dispositions materielles du cerveau, & à de certains mouvemens qui s'y font, répondent certaines pensées de l'ame. 2º. Que tous les objets, mêmes spirituels, auxquels on penses, laissent des dispositions materielles, c'est-à-dire, des traces dans le cerveau. 3º. Je suppose encore un cerveau où soient en même tems deux sortes de dispositions materielles, contraires & d'égale force;

les

les unes qui portent l'ame à penser vertueusement sur un certain sujet, les autres qui la portent à penser vicieusement.

Cette suppolition ne peut-être refusée, les dispositions materielles contraires se peuvent aisément rencontrer ensemble dans le cerveau au même degré, & s'y rencontrent même nécessairement toutes les fois que l'ame délibere & ne sait quel parti prendre.

Cela suppofé, je dis : où l'ame se peut absolument déterminer dans cet équilibre des dispositions du cerveau à choifir entre les pensées vertueufes & les pensées vicieufes, ou elle ne peut absolument se déterminer dans cet équilibre.

Si elle peut se déterminer, elle a en elle-même le pouvoir de se déterminer, puis que dans son cerveau tout ne tend qu'à l'indétermination,

nation, & que pourtant elle se détermine.

Donc ce pouvoir qu'elle a de se déterminer est indépendant des dispositions du cerveau.

Donc il n'a nulle proportion avec elles.

Donc il demeure le même quoi qu'elles changent.

Donc si l'équilibre du cerveau subsistent, l'ame se détermine à penser vertueusement, elle n'aura pas moins le pouvoir de s'y déterminer quand ce sera la disposition materielle à penser vicieusement qui l'emportera sur l'autre.

Donc à quelque degré qu puisse monter cette disposition materielle aux pensées vicieuses, l'ame n'en aura pas moins le pouvoir de se déterminer aux choix des pensées vertueuses.

Donc l'ame a en elle-même le pouvoir de se déterminer malgré toutes

tes les difpofitions contraires du cerveau.

Donc les penfées de l'ame font toûjours libres. Venons au fecond cas.

Si l'ame ne peut fe déterminer abfolument, cela ne vient que de l'équilibre fuppofé dans le cerveau, & l'on conçoit qu'elle ne fe déterminera jamais fi l'une des difpofitions ne vient à l'emporter fur l'autre, & qu'elle fe déterminera néceffairement pour celle qui l'emportera.

Donc le pouvoir qu'elle a de fe déterminer aux choix des penfées vertueufes ou vicieufes eft abfolument dépendant des difpofitions du cerveau.

Donc pour mieux dire, l'ame n'a en elle-même aucun pouvoir de fe déterminer, & ce font les difpofitions du cerveau qui la déterminent au vice ou à la vertu.

Donc

Donc les penſées de l'ame ne ſont jamais libres.

Or en raſſemblant les deux cas, où il ſe trouve que les penſées de l'ame ſont toûjours libres, ou qu'elles ne le ſont jamais en quelque cas que ce puiſſe être.

Or il eſt vrai & reconnu de tous, que les penſées des enfans, de ceux qui rêve. De ceux qui ont la fievre chaude & de fols ne ſont jamais libres.

Il eſt aiſé de reconnoître le nœud de ce raiſonnement. Il établit un principe, uniforme dans l'ame, en ſorte que le principe eſt toûjours, ou indépendant des diſpoſitions du cerveau, ou toûjours dépendant, au lieu que dans l'opinion commune, on le ſuppoſe quelque fois dépendant, & d'autres indépendant.

On dit que les penſées de ceux qui ont la fievre chaude & des fols ne ne font pas libres , parce que les dispositions materielles du cerveau font attenüées & élevées à un tel dégré que l'ame ne leur peut résifter, au lieu que dans ceux qui font fains les dispositions du cerveau , font moderées & n'entraînent pas néceffairement l'ame.

Mais premierement dans ce fiftême , le principe n'étant pas uniforme, il faut qu'on l'abandonne, fi je puis expliquer tout par un qui le foit.

Secondement fi un poids de cinq livres pouvoit n'être pas emporté par.un poids de fix , vous concevrés qu'il ne le feroit pas non plus par un poids de mille livres ; car s'il refiftoit au poids de fix livres par un principe indépendant de pefanteur, & ce principe quel qu'il fut, n'auroit pas plus de proportion avec un poids de mille livres qu'avec un poids de fix , parce qu'il feroit

roit d'une nature toute différente de celle des poids.

Ainſi ſi l'ame reſiſte à une diſpoſition materielle du cerveau qui la porte à un choix vicieux, & qui, quoi que moderée, eſt pourtant plus forte que la diſpoſition materielle à la vertu, il faut que l'ame reſiſte à cette même diſpoſition materielle du vice quand elle ſera infiniment au-deſſus de l'autre, parce qu'elle ne peut lui avoir réſiſté d'abord que par un principe indépendant des diſpoſitions du cerveau & qui ne doit pas changer par les diſpoſitions du cerveau.

En troiſiéme lieu ſi l'ame pouvoit voir très-clairement malgré une diſpoſition de l'œil qui devroit affoiblir la vûë, on pourroit conclure, qu'elle verroit encore malgré une diſpoſition de l'œil qui devroit empécher entierement la viſion, en tant qu'elle eſt materielle.

4⁰. On

4°. On convient que l'ame dépend absolument des dispositions
du cerveau sur ce qui regarde le
plus ou le moins d'esprit; cépendant si sur la vertu ou le vice les
dispositions du cerveau ne déterminent l'ame que lors qu'elles sont
extrême, & qu'elles lui laissent la
liberté lors qu'elles sont moderées,
en sorte qu'on peut avoir beaucoup de vertu malgré une disposition mediocre au vice, il devroit
être aussi, qu'on peut avoir beaucoup d'esprit malgré une disposition médiocre à la stupidité, ce
qu'on ne peut pas admettre : il est
vrai que le travail augmente l'esprit, ou pour mieux dire, qu'il
fortifie les dispositions du cerveau,
& qu'ainsi l'esprit croît précisément autant que le cerveau se per-
fectionne.

En cinquiéme lieu, je suppose
que toute la différence qui est entre
un

un cerveau qui veille & un cerveau qui dort ; eſt qu'un cerveau qui dort eſt moins rempli d'eſprits, & que les nerfs y ſont moins tendus, de ſorte que les mouvemens ne ſe communiquent pas d'un nerf à l'autre, & que les eſprits qui rouvrent une trace, n'en rouvrent pas une autre qui lui eſt liée.

Cela ſuppoſé, ſi l'ame eſt en pouvoir de réſiſter aux diſpoſitions du cerveau, lors qu'elles ſont foibles, elle eſt toûjours libre dans les ſonges, où les diſpoſitions du cerveau qui la portent à de certaines choſes, ſont toûjours très-foibles. Si l'on dit que c'eſt qu'il ne ſe préſente à elle que d'une ſorte de penſées qui n'offrent point de matiere de délibération, je prends un ſonge où l'on délibére ſi l'on tuera ſon ami, ou ſi on ne le tuera pas, ce qui ne peut être produit que par des diſpoſitions materielles du cerveau

veau qui foient contraires ; & en ce cas il paroît que felon les principes de l'opinion commune, l'ame devroit être libre.

Je fuppofe qu'on fe réveille lors qu'on étoit réfolu à tuer fon ami, & que dès qu'on eft réveillé on ne le veut plus tuer, tout le changement qui arrive dans le cerveau , c'eft qu'il fe remplit d'efprits, c'eft que les nerfs fe tendent ; il faut voir comment cela produit la liberté.

La difpofition materielle du cerveau qui me portoit en fonge à vouloir tuer mon ami, étoit plus forte que l'autre. Je dis, où le changement qui arrive à mon cerveau fortifie également tous les deux, elles demeurent dans la même difpofition où elles étoient. L'une reftant par exemple trois fois plus forte que l'autre, & vous ne fauriés concevoir pourquoi l'ame
est

eſt libre quand l'une de ces diſpoſitions a dix degrés de force & l'autre trente, & pourquoi elle n'eſt
pas libre quand l'une de ces diſpoſitions n'a qu'un dégré de force &
l'autre que trois.

Si ce changement du cerveau n'a
fortifié que l'une de ces diſpoſitions, il faut pour établir la liberté que ce ſoit celle contre laquelle
je me détermine, c'eſt-à-dire celle qui me portoit à vouloir tuer
mon ami, & alors vous ne ſauriez
concevoir pourquoi la force qui
ſurvient à cette diſpoſition vicieuſe eſt néceſſaire pour faire que je
puiſſe me déterminer en faveur de
la diſpoſition vertueuſe qui demeure la même ; ce changement paroît
plû-tôt un obſtacle à la liberté : enfin s'il fortifie une diſpoſition plus
que l'autre, il faut encore que ce
ſoit la diſpoſition vicieuſe, & vous
ne ſauriez concevoir non plus pourquoi

quoi la force qui lui survient est nécessaire pour faire que l'une puisse faire embrasser l'autre qui est toûjours la plus foible, quoi que plus forte qu'auparavant.

Si l'on dit que ce qui empêche pendant le sommeil la liberté de l'ame, c'est que les pensées ne se présentent pas à elle avec assez de netteté & de distinction. Je réponds que le deffaut de netteté & de distinction dans les pensées peut seulement empêcher l'ame de se déterminer avec assez de connoissance, mais qu'il ne la peut empêcher de se déterminer librement & qu'il ne doit pas ôter la liberté, mais seulement le mérite ou le démerite de la résolution qu'on prend.

L'obscurité & la confusion des pensées fait que l'ame ne sait pas assez sur quoi elle délibere, mais elle ne fait pas que l'ame ne soit entraînée nécessairement à un parti ,

ri, autrement si l'ame étoit nécessairement entraînée, ce seroit sans doute par celles de ses pensées obscures & confuses qui le seroient le moins, & je demanderois pourquoi le plus de netteté & de distinction dans les pensées la détermineroit nécessairement pendant que l'on dort & non pas pendant que l'on veille, & je ferois revenir tous les raisonnemens que j'ai faits sur les dispositions materielles.

Il paroît donc que le principe commun que l'on suppose inégal & tantôt dépendant & tantôt indépendant & des dispositions du cerveau, est sujet à des difficultés insurmontables, & qu'il vaut mieux établir le principe par lequel l'ame se détermine toûjours dépendante des dispositions du cerveau en quelque cas que ce puisse être.

Cela

Cela est plus conforme à la phisique, selon la qu'elle il paroît que
l'état de veille, ou celui de sommeil, une passion ou une fiévre
chaude, l'enfance & l'age avancé,
font des choses qui ne different
réellemement que du plus ou du
moins, & qui ne doivent pas par
conséquent emporter une différence essentielle, telle que seroit celle
de laisser à l'ame sa liberté, ou de ne
la lui pas laisser.

Troisiéme Partie.

Les difficultés les plus considé-
rables de cette opinion font le pouvoir qu'on a sur ses pensées, & sur
les mouvemens volontaires du
corps.

On convient que les premieres
pensées sont toûjours présentées in-
volontairement par les objets extérieurs, où, ce qui revint au même,

me , par les difpofitions intérieurs du cerveau, cela eft très-vrai. Cépendant fi l'ame formoit une premiere penfée indépendamment du cerveau, elle formeroit bien la feconde, & enfuite toutes les autres, & cela en quelqu'état que peut-être le cerveau. Mais on dit communément qu'après que cette premiere a été néceffairement offerte à l'ame, l'ame a le pouvoir de l'étouffer ou de la fortifier, de la faire ceffer ou de la continuer.

Ce pouvoir n'eft pas encore tout-a-fait indépendant du cerveau ; Car, par exemple, l'ame pourroit donc en fonge difpofer comme elle voudroit des penfées que les difpofitions du cerveau lui auroient offertes.

Mais l'opinion commune eft que dans l'état de la veille ou de la fanté, l'ame a dans fon cerveau des efprits aufquels elle peut imprimer

H   mer

mer à son gré le mouvement qui
est propre à étouffer ou à fortifier
les pensées qui sont nées d'abord
indépendamment d'elle.

Sur cela je remarque, que l'action des esprits dépend de trois
choses, de la nature du cerveau
sur lequel elles agissent, de leur
nature particuliere & de la quantité
ou de la détermination de leur
mouvement.

De ces trois choses il n'y a précisément que la derniere dont l'a-
me puisse être maîtresse. Il faut
donc que le pouvoir seul de mouvoir les esprits suffisent pour la liberté.

Or je dis premierement, que, si
ce pouvoir de mouvoir les esprits
suffit pour rendre l'ame libre sur la
vertu ou sur le vice, quoi qu'elle
ne soit maîtresse ni de la nature du
cerveau, ni de celle des esprits,
pourquoi ne suffira-t'elle pas pour
rendre

rendre l'ame libre fur le plus ou le moins de connoiffance & de lumieres naturelles ? Si la nature de mon cerveau & de mes efprits me difpofent à la ftupidité, le feul pouvoir de diriger le mouvement de mes efprits ne me mettra-t'il pas en état d'avoir fi je veux beaucoup de difcernement & de pénétration ?

En fecond lieu, fi le pouvoir de diriger le mouvement des efprits ne fuffit pas pour la liberté, puis que l'ame doit avoir ce pouvoir dans les enfans, & qu'elle n'eft pourtant pas libre, ce qui l'empêche de l'être, eft la feule nature de fon cerveau, & peut-être encore celle de fes efprits.

30. Pourquoi l'ame des fols n'eft-elle pas libre, elle peut encore diriger le mouvement de fes efprits. Ce pouvoir eft indépendant des difpofitions où eft le cerveau des

H 2   fols.

fols. Si on dit que le mouvement naturel de leurs efprits eft alors trop violent, il s'enfuit que dans cet état la force de l'ame n'a nulle proportion avec celle des efprits, qui l'emportent néceffairement, que dans un état plus modéré où la force de l'ame commence à avoir de la proportion avec celle des efprits, l'ame ne peut pas changer entierement · le mouvement des efprits, mais feulement leur en donner un compofé de celui qu'ils avoient d'abord & de celui qu'elle leur imprime de nouveau, ce qui eft autant de rabattu fur la liberté de l'ame, & qu'enfin l'ame n'eft entierement libre que quand elle imprime un mouvement aux efprits qui d'eux-mêmes n'en avoient aucun, ce qui apparemment n'arrive jamais.

En quatriéme lieu, l'ame devroit n'avoir jamais plus de facilité té à diriger le mouvement des esprits que pendant le sommeil, & par conséquent elle ne devroit jamais être plus libre.

Si on dit que les pensées tant les premieres que les secondes, dépendent absolument des dispositions du cerveau, mais qu'elles ne sont que la matiere des délibérations, & que le choix que l'ame en fait est absolument libre ? Je demande ce qui met cette différence de nature entre les pensées. Et le choix qu'on en fait, & pourquoi les fols & ceux qui rêvent ne sont pas des choix libres & indépendans des pensées aux quelles leur cerveau les détermine.

Sur les mouvemens volontaires du corps, l'opinion commune est, que l'on remuë librement le pied, le bras, & il est vrai que ces mouvemens sont volontaires, mais il ne s'enfuit pas absolument de là

qu'ils

qu'ils foient libres. Ce qu'on fait
parce qu'on le veut, eft volontaire, mais il n'eft point libre, à moins
qu'on pût s'empêcher réellement
ou effectivement de le vouloir.

Quand je remuë la main pour
écrire, j'écrits parce que je le veut,
& fi je ne le voulois pas, je n'écri-
rois pas; cela eft volontaire & n'a
nulle contrainte. Mais il y a dans
mon cerveau une difpofition materielle qui me porte à vouloir écrire, en forte que je ne puis pas réellement ne le point vouloir; cela
eft néceffaire & n'a nulle liberté;
ainfi ce qui eft volontaire eft en
même tems néceffaire, & ce qui
eft fans liberté n'a pourtant pas de
contrainte.

Concevez donc que comme le
cerveau meut l'ame, en forte qu'à
fon mouvement répond une penfée de l'ame, l'ame meut le cerveau,
en forte qu'à fa penfée répond
un

un mouvement du cerveau.

L'ame eſt déterminée néceſſairement par ſon cerveau à vouloir
ce qu'elle veut, & ſa volonté ex-
cite néceſſairement dans ſon cerveau un mouvement par lequel
elle l'exécute.

Ainſi ſi je n'avois point d'ame je
ne ferois point ce que je fais, &
ſi je n'avois point un tel cerveau,
je ne le voudrois point faire.

Tous les autres mouvemens,
comme celui du cœur &c. Ne ſont
point cauſés par l'ame. Elle ne fait
rien que par des penſées, & ce qui
n'eſt point l'effet d'une penſée, ne
vient point d'elle.

Sur ce principe je puis ſatisfaire
aiſément à tout ce qui regarde les
mouvemens volontaires ; mais je
veux qu'en me ſervant de répon-
ſe il me ſerve encore de nouvelles
preuves.

Je ſuppoſe un fol qui veut tuer
quel-

quelqu'un, & qui le tuë véritablement. Le mouvement du bras de
ce fol eft volontaire, c'eft-à-dire
produit par l'ame, parce qu'elle le
veut;car s'il ne l'étoit pas il faudroit
que la même difpofition materielle
du cerveau qui auroit portée l'ame
du fol à vouloir tuer, eut auſſi
fait couler les efprits dans les nerfs
de la maniere propre à remuer le
bras, & que ce qui l'auroit fait
vouloir, eût en même tems exé-
cuté fa volonté, fans que l'ame
s'en fut mêlée, n'ayant imprimé
aucun mouvement au cerveau.
D'où il fuit évidemment. 10. Que
quand le fol auroit été une pure
machine vivante qui nauroit point
eu d'ame qui penfat, il auroit encore tué cet homme en prenant
même les armes qui y font propres, & en choififfant les endroits
qui font propres à bleffer.

En fecond lieu, que quand ce
fol

fol auroit été guerir, pourroit encore tuer un homme en le voulant tuer, mais fans le tuer précifément parce qu'il le voudroit, puifque les difpofitions du cerveau qui le portoient à vouloir tuer, pourroient encore exciter dans fon bras le mouvement par lequel il tueroit indépendamment de l'ame. Qu'ainfi, l'ame dans tous les hommes ne feroit la caufe d'aucun mouvement, mais qu'elle le voudroit feulement dans le tems qu'il fe feroit, & par conféquent l'ame ôtée, les hommes feroient encore tout ce qu'ils font, ce qui ne peut être admis.

Donc le mouvement du bras de ce fol eft volontaire, mais certainement ce mouvement n'eft pas libre.

Donc il n'eft pas abfolument de la nature des mouvemens volontaires d'être libres.

En

En effet c'eſt l'ame de ce fol qui remuë ſon bras parce qu'elle veut tuer, mais elle eſt portée néceſſairement à vouloir tuer par les diſpoſitions de ſon cerveau.

Quatriéme Partie.

Il ne me reſte plus qu'à découvrir la ſource de l'erreur où ſont tous les hommes ſur la liberté & la cauſe du ſentiment intérieur que nous avons.

Tous les préjugés ont un fondement, & après l'avoir trouvé, il faut trouver encore pourquoi on a donné dans l'erreur plûtôt que dans la vérité.

Les deux ſources de l'erreur où l'on eſt ſur la liberté, ſont que l'on ne fait que ce que l'on veut faire, & que l'on délibere très-ſouvent ſi on fera ou ſi on ne fera pas.

Un

Un efclave ne fe croit point libre, parce qu'il fent qu'il fait malgré lui ce qu'il fait, & qu'il connoît la caufe étrangere qui l'y force ; mais il fe croiroit libre s'il fe
pouvoit faire qu'il ne connut point
fon maître, qu'il exécutat fes or-
dres fans le favoir & que ces or-
dres fuffent toûjours conformes à
fon inclination.

Les hommes fe font trouvés en
cet état, ils ne favent point que
les difpofitions du cerveau font
naître toutes les penfées & toutes
leurs diverfes volontés ; & les or-
dres qu'ils reçoivent, pour ainfi
dire, de leur cerveau font toûjours
conformes à leurs inclinations,
puis qu'ils caufent l'inclination
même. ainfi l'ame a crû fe déterminer elle-même, parce qu'elle
ignoroit & ne connoiffoit en aucune maniere le principe étranger
de fa détermination.

On

On fait qu'on fait tout ce que l'on veut, mais on ne fait point pourquoi on le veut, il n'y a que les Phificiens qui le puiffent déviner.

En fecond lieu, on a déliberé, & parce qu'on s'eft fentit partagé entre vouloir & ne pas vouloir, on a crû après avoir pris un parti qu'on eût pû prendre l'autre, la conféquence étoit mal tirée, car il pouvoit fe faire auffi bien qu'il fut furvenu quelque chofe qui eût rompu l'égalité qu'on voyoit entre les deux partis, & qui eût déterminé néceffairement à un choix, mais on n'avoit gard de penfer à cela puifqu'on ne fentoit pas ce qui étoit furvenu de nouveau & qui déterminoit l'irréfolution, & faute de la fentir, on a dû croire que l'ame s'étoit déterminée elle-même & indépendamment de toute caufe étrangere.

Ce

Ce qui produit la délibération
& ce que le commun des hommes
n'a pû déviner, c'est l'égalité de
force qui est entre deux dispositions contraires du cerveau & qui
donne à l'ame des pensées contraires; tant que cette égalité subsiste,
on délibere, mais dès-que l'une des
deux dispositions materielles l'em-
porte sur l'autre par quelque cause
phisique que ce puisse être, les pensées qui lui répondent se fortifient
& deviennent un choix. De là vient
qu'on se détermine souvent sans
rien penser de nouveau, mais seulement parce qu'on pense quelque
chose avec plus de force qu'auparavant. De là vient aussi qu'on se
détermine sans savoir pourquoi.
Si l'ame s'étoit déterminée elle-même, elle devroit toûjours en savoir la raison. Dans l'état de veille le cerveau est plein d'esprits &
les nerfs sont tendus, de sorte que

I   les

mouvemens se communiquent d'une trace à l'autre qui lui est liée. Ainsi comme vous n'avez jamais oüi parler d'un homicide que comme d'un crime ; dès qu'on vous y fait penser le même mouvement des esprits va couvrir les traces qui vous réprésentent l'horreur de cette action , & en un mot sur quelque sujet que ce soit toutes les traces qui y sont liées se rouvrent & vous fournissent par conséquent toutes les différentes pensées qui peuvent naître sur cela.

Mais dans le sommeil le déffaut d'esprit & le relachement des nerfs font que le mouvement des esprits qui rouvrent , par exemple, les traces qui vous font penser à un homicide , ne rouvrent pas nécessairement celles qui y sont liées & qui vous le représentoient comme un crime; & en géneral il ne

se

fe préfénte point à vous tout ce
que vous pouvez penfer fur chaque fujet, c'eft pourquoi on fe
croit libre en veillant, & non pas
en dormant , quoi que dans l'un
& l'autre état , l'ame foit également déterminée par les difpofitions du cerveau.

On ne croit pas que les fols
foient libres parce que toutes les
difpofitions de leur cerveau font
fi fortes pour de certaines chofes
qu'ils n'en ont point du tout, ou
n'en ont que d'infiniment foibles
qui les portent aux chofes contraires, & que par conféquent ils
n'ont point le pouvoir de délibe-
rer, au lieu que dans les perfon-
nes qui ont l'efprit fain , le cerveau
eft dans un certain équilibre qui
produit les délibérations.

Mais il eft évident qu'un poids
de cinq livres emporté par un poids
de fix, eft emporté auffi néceffai-

tement que par un poids de mille livres, quoiqu'il le soit avec moins de rapidité ; ainsi ceux qui ont l'esprit sain étant déterminés par une disposition du cerveau qui n'est qu'un peu plus forte que la disposition contraire, sont déterminés aussi nécessairement que ceux qui sont entrainés par une disposition qui n'a été ébranlée d'aucune autre ; mais l'impétuosité est bien moindre dans les uns que dans les autres, & il paroît qu'on a pris l'impetuosité pour la nécessité, & la douceur du mouvement pour la liberté. On a bien pû par le sentiment interieur juger de l'impétuosité ou de la douceur du mouvement, mais on ne peut que par la raison, juger de la nécessité ou de la liberté.

Quant à la morale, ce sistême rend la vertu, un pur bonheur , & le vice un pur malheur, il détruit

truit donc toute la vanité & toute la préfomption qu'on peut tirer de la vertu , & donne beaucoup de pitié pour les méchans
fans infpirer de haine contre eux.
Il n'ôte nullement l'efpérance de
les corriger ; parce qu'à force d'ex-
hortations & d'exemples , on peut
mettre dans leur cerveau les difpofitions qui les déterminent à la
vertu , & c'eft ce qui conferve
les loix, les peines & les récompenfes.

Les criminels font des monftres
qu'il faut étouffer en les plaignant,
leur fuplice en délivre la focieté &
épouvante ceux qui feroient porté
à leur reffembler.

On ne doit qu'à fon temperam-
ment même les bonnes qualités ,
ou le penchant au bien , & il n'en
faut point faire honneur à une
certaine raifon dont on reconnoît
en même tems l'extrême foibleffe.

Ceux

Ceux qui ont le bonheur de pouvoir travailler fur eux-mêmes fortifient les difpofitions naturelles qu'ils avoient au bien.

Enfin ce fiftême ne change rien à l'ordre du monde, fi non qu'il ôte aux honnêtes gens un fujet de s'eftimer & de méprifer les autres, & qu'il les porte à fouffrir des injures fans avoir d'indignation ni d'aigreur contre ceux dont ils les reçoivent. J'avoüe néanmoins que l'idée que l'on a de fe pouvoir retenir fur le vice eft une chofe qui aide fouvent à nous retenir, & que la vérité que nous venons de découvrir eft dangereufe pour ceux qui ont de mauvaifes inclinations. Mais ce n'eft pas la feule matiere fur laquelle il femble que Dieu ait pris foin de cacher au commun des hommes les verités qui leur auroient pû nuire.

Au

Au furplus ce fiftême eft très-
uniforme & le principe en eft très-
fimple, la même chofe décide de
l'efprit naturel· & des mœurs, &
felon les différens dégrés qu'elle
reçoit, elle fait la différence des fols
& des fages, de ceux qui dorment
& de ceux qui veillent &c.

Tout eft compris dans un ordre
phifique, où les actions des hommes font à l'égard de Dieu la même chofe que les Eclipfes, & où il
prévoit les uns & les autres furle
même principe.

*Hæc refutando tranfcripfi dig-
niori modo fentiens deliberate.*

F I N.

REFLEXION
SUR L'EXISTENCE DE
L'AME.
ET SUR L'EXISTENCE DE
DIEU.

LEs préjugés que l'éducation de notre enfance nous fait prendre fur la réligion, font ceux dont nous nous défaifons plus difficilement, il en refte toûjours quelque trace, fouvent même après nous en être entierement éloigné; laflez d'être livrés à nous-mêmes, un afcendant plus fort que nous, nous entraîne & nous y fait reve- tir. Nous changeons de mode &

I 5   de

de langage, il est mille choses sur lesquelles insensiblement nous nous accoûtumons à penser autrement que dans l'enfance, nôtre raison se porte volontiers à prendre ces nouvelles formes ; mais les idées qu'elle s'est faites sur la réligion, sont d'une espece respectable pour elle, rarement ôté-t'elle les examiner, & l'impression que ces préjugés ont fait sur l'homme encore enfant, ne périt communément qu'avec lui. On ne doit pas s'en étonner, l'importance de la matiere que ces préjugés décident à l'exemple de tous les hommes que nous voyons en être réellement persuadés, sont des raisons plus que suffisantes pour les graver dans notre cœur, de maniere qu'il soit difficile de les en éffacer. L'amour propre est de tous les âges, il naît avec nous ; à tout âge on espere & l'on craint, on veut le conserver

conserver avant de se connoître :
il n'est pas étonnant que des préjugés qui font nos craintes & nos
espérances, fassent une impression
profonde dans un cœur tout neuf,
ouvert pour recevoir les prémie-
res qu'on voudra lui donner. Agi-
tés par l'espérance & par la crainte
nous ne sommes pas assez éclairés
pour guider ces deux passions , &
nous nous en rapportons là dessus
à ceux qui font plus sages , à qui
nous voyons pratiquer les leçons
qu'ils nous donnent , & mettre
par là le dernier Sceau à leur ouvrage.

D'ailleurs quand nous pouvons
nous débarrasser des chaines de ces
préjugés pour nous livrer à notre
raison, l'épaisse obscurité qui nous
environne nous fait retourner à
ces principes que nous avions quit-
tés ; la raison nous en avoit mon-
tré le ridicule, mais l'homme veut

sçavoir

favoir qui il eft, & ne veut pas douter, & dans ce défir déréglé de fe connoître, il imagine au lieu de raifonner, les préjugés reviennent, aucune contradiction ne l'embarraffe, il croit voir la lumiere, parce qu'il fort de l'obfcurité pour rentrer dans les ténébres.

De tous les êtres qui exiftent, aucun n'a un rapport plus intime avec l'homme que l'homme même. S'il veut favoir fon origine, c'eft lui qu'il doit interroger, il s'eft apris qu'il étoit, & lui feul doit apprendre ce qu'il eft, fans aller chercher dans des fources étrangeres une vérité dont le principe ne fauroit être que dans fon coeur.

Croyons après cela que tout ce qui regarde notre être fera toûjours pour nous une énigme infoluble.

La

La nature nous a donné la faculté de raisonner, raisonner c'est tirer des conséquences des principes ; mais la nature ne nous a pas instruits des principes ; on y a remedié, on en a fait, & pour vouloir pénétrer trop avant on s'est égaré. L'esprit trop foible pour les idées qu'il vouloit embrasser, n'en a conçû qu'une très-petite partie ; cépendant il a crû avoir tout vû, & qui pis est, il a raisonné en conséquence. De là, les contradictions qui se sont rencontrées dans toutes les suppositions que l'on a voulu établir ; & de là, ces disputes éternelles où chacun est forcé de succomber tour à tour comme si la vérité ne fixoit pas la victoire, au parti qui la soutient.

Ne cherchons point à trop savoir, & contentons-nous du peu de lumieres que la nature nous a donné. N'allons pas plus loin voir l'illusion

fufion de tous les fiftêmes, & en
démêler les contradictions; après
cela du feul principe qui nous foit
connu, on n'a qu'à tirer quelques
conféquences claires & nettes, &
à fe former de toutes ces idées une
régle pour la conduite morale.
Voila je crois, tout ce que l'homme peut prétendre; c'eft peut-être
trop peu pour fa vanité, mais c'eft
affez pour mettre l'amour propre
en repos.

Toutes les religions partent de
deux principes, favoir, la diftinc-
tion de deux fubftances, l'une materielle, l'autre fpirituelle & l'exiftence d'un Dieu. Je commencerai
par examiner le premier de ces deux
principes.

Quelle idée nous donne-t'on
de l'ame? C'eft dit-on, un être
qui penfe, rien de plus. Le corps
eft une portion de la matiere, &
l'affemblage de ces deux êtres, forme

me ce que nous appellons un homme. Ainſi l'homme réunit en lui
la faculté de l'intelligence, & les
proprietés de la matiere comme
étenduë diviſible, ſuſceptible de
toutes les formes. Eſt-ce à dire
qu'elle ſoit bornée à ces ſeules qualités, parce que ce ſont les ſeules
qu'elle nous laiſſe appercevoir ?
Tous les jours elle nous découvre
des proprietés juſqu'àlors incon-
nuës; elle acquiert, pour ainſi dire de nouvelles qualités & paroît
à nos yeux ſous des formes dont
nous ne la croyons pas ſuſceptible. L'intelligence répugne-t'elle
à l'étenduë, & ſi nos vûës ſont
bornées pouvons-nous en faire un
titre pour borner ſes proprietés.
Il eſt un axiome convenu, c'eſt
qu'il ne faut point multiplier les
êtres ſans néceſſité. Si l'on conçoit
que les opérations attribuées à l'eſprit, peuvent être l'ouvrage de la
matiere

matiere agiſſant par des reſſorts in-
connus, pourquoi imaginer un
être inutile, & qui dès-lors ne ré-
ſout aucune difficulté.

Il eſt aiſé de voir que les proprietés de la matiere n'excluent point
l'intelligence. Mais on n'imagine
point comment un être qui n'a
d'autres proprietés que l'intelligence pourra en faire uſage. En effet
cette ſubſtance qui n'aura aucune
analogie à la matiere, comment
pourra-t'elle l'appercevoir? Pour
voir les choſes il faut qu'elles faſ-
ſent une impreſſion ſur nous, qu'il
y ait quelque rapport entre elles
& nous : or quel ſeroit ce rapport?
Il ne pourroit venir que de l'intelligence, & c'eſt ſuppoſer ce qui eſt
en queſtion.

D'ailleurs qu'elle ſeroit l'union
de ces deux ſubſtances ? quel
nœud les aſſembleroit ? Comment
le corps averti des ſentimens de l'a-
me ?

me ? Lui communiqueroit-il à son tour les impressions qu'il reçoit ? Cependant ce n'est qu'à l'occasion de ces impressions que l'ame fait usage de son intelligence.

Pour que l'ame eut des idées, il devroit suffire qu'il fut des objets perceptibles, & qu'elle fut en état de les appercevoir.

Pourquoi donc faut-il qu'elle soit avertie par des organes materielles de ce qui le présente à la vûë ?

Qu'est-ce que l'intelligence ! C'est en suivant les notions génerales, la faculté de comprendre, c'est appercevoir les choses, & les appercevoir telles qu'elles sont. L'intelligence ainsi définie ne paroît pas susceptible de dégrés, puisqu'elle nous fait précisément appercevoir la vérité, & que la vérité est une. Elle devroit donc être de la même nature dans tous les hom-

hommes : pourquoi la voyons-nous si différente ? Elle ne devroit pas être sujette à l'erreur ; pourquoi errons - nous si souvent ?

Nos erreurs viennent toûjours d'un rapport que nous voyons entre deux idées, & qui n'y est pas, par exemple, lors que nous disons cette femme est belle, & que cependant elle est laide ; notre erreur vient du rapport que nous voyons entre l'idée de cette femme & l'idée de la beauté. Or ce rapport est une idée, il devroit donc être une opération de l'intelligence ; mais l'intelligence voit les choses comme elles sont : elle ne peut appercevoir dans les objets que ce qui est. Cependant pour avoir vû ce rapport, il faudroit qu'elle eut apperçû, ou dans l'idée de la femme, ou dans celle de la beauté quelque chose qui n'est

n'eft point, ce qui ne fe peut ,
puifque dès-lors elle cefferoit d'ê-
tre l'intelligence.

Je fais que l'on peut me répondre, que l'ame unie au corps, y
eft gênée & comme dans une pri-
fon; que cette gêne eft la fource
de fes erreurs qui ne proviennent
pas d'elle, mais des organes materielles, & que ces organes étant
différens dans tous les hommes,
l'intelligence qui eft par tout la
même en effet, paroît parlà aufli
différente chez chacun d'eux, que
réellement leurs organes refpectifs
font différens.

J'ai peine à concevoir comment
un être, tel qu'on fupofe l'ame ,
pourroit être fufceprible d'ubica-
tion & pourroit exifter refpective-
ment à telles & telles portions de
matiere, je conçois encore moins
comment elle pourroit y être gênée, & comment cette gêne la
conduiroit

conduiroit à l'erreur. Que l'ame
ait une idée fausse, le vice de cette idée doit être ou dans l'objet
apperçû, ou dans l'ame qui l'aper-
çoit, les organes ne peuvent certainement pas mettre ce vice dans
l'objet apperçû ; il reste donc à examiner s'ils peuvent le mettre dans
l'ame. Ils ne pourroient le faire
qu'en agissant sur elle ; & quelle
seroit cette action ? L'action
de la matiere est le mouvement,
& l'impression qu'elle peut faire
sur un autre objet, est de lui communiquer ce mouvement: or l'a-
me n'est point susceptible de mouvement; & d'ailleurs j'ai déja prouvé par la définition de l'intelligence qu'elle est incapable d'erreur &
qu'une idée fausse ne sauroit être
son ouvrage, puis que dès-lors elle cesse d'être intelligence.-

Ainsi en supposant une substance
intellectuelle unie à un corps ma-
teriel,

teriel, l'anéantiſſement de l'intelligence réſulteroit de cette union.
Il faut donc attribuer à la ſeule
matiere les opérations que communément nous attribuons à une
ſubſtance ſpirituelle, puis que cette ſubſtance en eſt incapable. Venons à préſent à ce qui regarde l'é-
xiſtence d'un Dieu.

J'ai donné au commencement
de ces réflexions des raiſons aſſez
plauſibles de l'attachement que
l'on avoit pour les préjugés de réligion. L'exiſtence d'un Dieu eſt
le plus grand & le plus enraciné
de ces préjugés, & je crois avoir
découvert ſa ſource. La matiere a
toûjours été préſente à nos yeux,
& nous avons été toûjours trop
curieux pour ne pas chercher à la
connoître. L'amour propre ſouf-
froit trop à nous ignorer nous-
mêmes, qui ſommes toûjours avec
nous, & qui parlà étions convain-
cue

cus à tous momens du peu d'étenduë de nos lumieres, nous nous sommes imaginés un Dieu Créateur, principe de toutes chofes : il eft bien vrai que nous ne comprenons pas mieux fon origine que nous ne comprenons le notre, mais il eft plus éloigné de nous, nous ne fommes pas obligés d'être toûjours avec lui comme nous fommes avec nous, & la vanité fe fauve par là.

Tous les hommes fe font accordés fur le fond de cette idée, parce que le principe en eft le même chez tous les hommes ; & comme on n'a rien découvert dans la nature qui lui fut analogue, on a decidé que c'étoit une iumiere naturelle, on s'eft fait une habitude de croire fans examiner ; cependant comme fi la nature étoit différente chez les hommes, cette idée a varié chez les différentes nations.

L'ima-

L'imagination s'eft joüée fur cette idée fi refpectable, fans s'apercevoir qu'elle fe joüoit, & chaque peuple a crû être inftruit par la nature lors qu'il prétoit à fon Dieu les proprietés de la matiere qui étoit toûjours fous fes yeux, & les mouvemens de fon cœur, qu'il éprouvoit à tout moment.

Examinons l'idée génerale que l'on nous a donné de ce Dieu : c'eft le maître abfolu de toutes chofes, c'eft lui qui avec rien a fait le Ciel & la Terre ; un être infini & qui réünit dans un dégré infini toutes les perfections ; qui a fait les hommes, leur a prefcrit des loix & leur a promit des peines & des récompenfes.

Quelles contradictions n'implique pas cette idée, premierement : quand il feroit vrai qu'il fut Dieu, notre Créateur & no-

tre

tre maître, pourquoi nous puni-
roit-il de l'infraction faite à ses loix?
Pourquoi les prescrivoit-il ? Si l'observation de ces loix est utile , ce
Dieu raisonnable devoit nous
donner les moyens de les obser-
ver , & nous ôter ceux de les en-
freindre , si elle est inutile, ce Dieu
juste ne devoit pas les prescrire.

On voit , suivant cette idée, un
être sage agir sans motifs : après
avoir , pour ainsi dire, été ren-
fermé en lui-même pendant une
éternité , il s'avise d'en sortir , &
pourquoi ? Pour exercer des ouvrages finis , indignes de lui &
qui lui sont inutiles. C'est être l'intelligence & la sagesse même , ne
sait pas ce qui lui est utile ; ou
ignore que sa puissance ne doit
pas éclater en vain. Mais dira-
t'on, c'est pour sa gloire qu'il a
fait ses ouvrages. On seroit fort
embarrassé de dire ce que seroit la
gloire

gloire de Dieu par raport aux hommes ; eſt-ce d'en être eſtimé, ou de faire éclater ſa puiſſance en créant l'univers ? Lui qui eût pû faire ou produire des ouvrages infiniment plus parfaits. Mais je veux pour un moment que ce motif ſoit vallable, il l'auroit donc été de tout tems, la raiſon pour laquelle Dieu auroit créé l'univers étant auſſi ancienne que lui, l'univers devroit être de même date.

Je vais plus avant. Créer c'eſt faire qu'un être exiſte, qui n'exiſtoit pas auparavant : créer la matiere, c'étoit pour ainſi dire, la ſubſtituer au néant ; pour que Dieu créa la matiere il falloit qu'il la connut, & comment connoître ce qui n'eſt point ? Connoître quelque choſe, c'eſt en apercevoir les proprietés ; le néant en a-t'il ? Cépendant avant la création Dieu ſeul exiſtoit & le néant.

K   Etre

Etre eſt la ſource de toutes les proprietés, puiſqu'il faut être avant d'être quelque choſe. La matiere qui n'exiſtoit point ne pouvoit donc pas être connu, & les idées de Dieu devoient ſe borner à lui-même, qui ſeul exiſtoit.

Il eſt aiſé de conclure de ces obſervations, que l'homme ne devant ſon exiſtence à perſonne, eſt indépendant, mais il ne peut ſubſiſter ſeul, & la foibleſſe de ſa nature la obligé de renoncer à cet état d'indépendance : il a fallu qu'il cherchât d'autres hommes, & qu'il contractât en recevant leur ſecours, l'obligation de leur en donner de réciproques. C'eſt par cet eſpece de trafic de ſecours, que ſubſiſte la ſocieté, elle eſt le fondement des loix qui ne ſont toutes que des commentaires particuliers ſur ce principe géneral. L'obſervation des loix dépend donc de ce ſeul principe,

principe, qu'il faut tenir les enga-
gemens que l'on a contractés ; &
ce principe à sa source dans notre
cœur ; l'amour propre ne nous
permet pas de tromper personne,
il sent un honte secrette à manquer.
C'est s'abaisser au dessous de celui
qu'on trompe. En raisonnant sur
ces principes , on verra que l'a-
mour propre est toûjours honnète
homme quand il veut s'écouter.

Ce n'est pas que cette morale ne
fut dangereuse en géneral , elle
n'est bonne à prêcher qu'aux honnêtes gens , & le peuple ne seroit
pas arrêté parce sentiment délicat
d'amour propre, mais est-ce la faute de la morale.

F I N.

LE
PHILOSOPHE.

IL n'y a rien qui coûte moins à acquérir aujourd'hui que le nom de Philosophe : une vie obscure & retirée, quelques dehors de sagesse avec un peu de lecture suffisent pour attirer ce nom à des personnes qui s'en honorent sans le mériter.

D'autres qui ont eu la force de se défaire des préjugés de l'éducation en matiere de Religion se regardent comme les seules véritables Philosophes. Quelques lumieres naturelles de raison & quelques observations sur l'esprit & le cœur humain leur ont fait voir que nul être suprême n'exige de culte des hommes, que la multiplicité des

Religions,

Religions, leur contrarieté, & les différens changemens qui arrivent en chacune sont une preuve sensible qu'il n'y en a jamais eu de révélée & que la Religion n'est qu'une passion humaine, comme l'amour, fille de l'admiration, de la crainte & de l'espérance: mais ils en sont demeurés à cette seule speculation, & s'en est assez aujourd'hui pour être reconnu Philosophe par un grand nombre de personnes.

Mais on doit avoir une idée plus vaste & plus juste du Philosophe, & voici le caractere que nous lui donnons.

Le Philosophe est une machine humaine comme un autre homme; mais c'est une machine qui par sa constitution mécanique, réfléchit sur ses mouvemens. Les autres hommes sont déterminés à agir sans sentir ni connoître les causes qui les font mouvoir, sans même songer qu'il y en ait.

Le Philosophe au contraire, démêle les causes autant qu'il est en lui, & souvent même les prévient & se livre à elles avec connoissance : c'est une horloge qui se monte pour ainsi dire quelque fois elle-même. Ainsi il évite les objets qui peuvent lui causer des sentimens qui ne conviennent ni au bien être, ni à l'être raisonnable, & cherche ceux qui peuvent exciter en lui des affections convenables à l'état où il se trouve.

La raison est à l'égard du Philosophe, ce que la grace est à l'égard du Chrétien ; dans le sistême de Saint Augustin. La grace détermine le Chrétien à agir volontairement ; la raison détermine le Philosophe sans lui ôter le goût du volontaire.

Les autres hommes sont emportés

tés par leurs paſſions ſans que les actions qu'ils font ſoit precedées de la réflexion ; ce ſont des hommes qui marchent dans les ténébres , au lieu que le Philoſophe dans ſes paſſions même n'agit qu'après la réflexion ; il marche la nuit, mais il eſt précédé d'un flambeau.

Le Philoſophe forme ſes principes ſur une infinité d'obſervations particulieres ; le Peuple adopte le principe ſans penſer aux obſervations qui l'ont produit : il croit que la maxime exiſte pour ainſi dire par elle-même ; mais le Philoſophe prend la maxime dès ſa ſource ; il en examine l'origine, il en connoît la propre valeur, & n'en fait que l'uſage qui lui convient.

De cette connoiſſance que les principes ne naiſſent que des obſervations particulieres , le Philoſophe

sophe en conçoit de l'estime pour la science des faits; il aime à s'instruire des détails & de tout ce qui ne se devine point. Ainsi il regarde comme une maxime très-opposée au progrès des lumieres de l'esprit, que de se borner à la seule méditation, & de croire que l'homme ne tire la vérité que de son propre fonds. Certains Métaphisiciens disent évitez les impressions des sens? Laissez aux Historiens la connoissance des faits, & celle des langues aux Grammairiens? Nos Philosophes au contraire persuadés que toutes nos connoissances nous viennent des sens, que nous ne nous sommes fait des regles que sur l'uniformité des impressions sensibles, que nous sommes au bout de nos lumieres, quand nos sens ne sont ni assez déliés ni assez forts pour nous en fournir; convaincus que la source de nos connoissances

connoissances est entièrement hors de nous, il nous exhortent à faire une ample provision d'idées, en nous livrant aux impressions extérieures des objets ; mais en nous y livrant en disciple qui consulte, & qui écoute & en maître qui décide & qui impose silence ; ils veulent que nous étudions l'impression précise que chaque objet fait en nous, & que nous évitions de la confondre avec celles qu'un autre objet a causé.

De là la certitude & les bornes des connoissances humaines. Certitude: quand on sent que l'on a reçû du déhors l'impression propre & précise que chaque jugement suppose ; car tout jugement suppose une impression extérieure qui lui est particuliere. Bornes: quand on ne sçauroit recevoir des impressions où par la nature de l'objet ou par la foiblesse de nos organes:

organes : augmentez, s'il est possible la puissance des organes vous
augmenterez les connoissances.
Ce n'est que depuis la découverte
du Télescope & du Microscope
qu'on a fait tant de progrès dans
l'Astronomie & dans la Phisique.

C'est aussi pour augmenter le
nombre de nos connoissances &
de nos idées que nos Philosophes
étudient les hommes d'autre fois
& les hommes d'aujourd'hui.

Repandez-vous comme des a-
beilles, nous disent-ils, dans le monde passé & dans le monde présent, vous reviendrez ensuite dans
votre ruche composer votre miel.

Le Philosophe s'applique à la
connoissance de l'univers & de
lui-même ; mais comme l'œil ne
sçauroit se voir, le Philosophe
connoît qu'il ne sçauroit se connoître parfaitement, puisqu'il ne
sçauroit

sçauroit recevoir des impreffions
extérieures du dedans de lui-même & que nous ne connoiffons
rien que par de femblables impreffions. Cette penfée n'a rien d'af-
fligeant pour lui , parce qu'il fe
prend lui-même tel qu'il eft , &
non pas tel qu'il femble à l'imagination qu'il pourroit être. D'ailleurs cette ignorance n'eft pas en
lui une raifon de décider , qu'il
eft compofé de deux fubftances
oppofées : ainfi comme il ne fe
connoît pas parfaitement , il dit
qu'il ne connoît pas comment il
penfe ; mais comme il fent qu'il
penfe fi dépendamment de tout
lui-même, il reconnoît que fa fubftance eft capable de penfer de la
même maniere qu'elle eft capable
d'entendre & de voir. La penfée
eft en l'homme un fens comme
la vûë & l'oüie , dépendant également d'une conftitution organi-
que.

que. L'air seul est capable de sons, le feu seul peut exister la chaleur, les yeux seuls peuvent voir, les seules oreilles peuvent entendre & la seule substance du cerveau est susceptible de pensées.

Que si les hommes ont tant de peine à unir l'idée de la pensée avec l'idée de l'étenduë, c'est qu'ils n'ont jamais vû d'étenduë penser. Ils sont à cet égard ce qu'un aveugle né est à l'égard des couleurs, un sourd de naissance à l'égard des sons; ceux-ci ne sçauroient unir ces idées avec l'étenduë qu'ils tâtent, parce qu'ils n'ont jamais vû cette union.

La vérité n'est pas pour le Philosophe une maîtresse qui corrompe son imagination, & qu'il croye trouver par tout. Il se contente de la pouvoir démêler où il peut l'appercevoir; il ne la confond point avec la vrai-semblance; il prend

L   pour

pour vrai ce qui est vrai, pour
faux ce qui est faux, pour douteux
ce qui est douteux, & pour vrai-
semblable ce qui n'est que vrai-
semblable. Il fait plus, & c'est ici
une grande perfection du Philosophe; c'est que lors qu'il n'a point
le motif propre pour juger, il sçait
demeurer indéterminé. Chaque
jugement, comme on a déja re-
marqué, suppose un motif exté-
rieur qui doit l'exciter : le Philosophe sent quel doit être le motif
propre du jugement qu'il doit porter. Si le motif manque, il ne juge point, il l'attend & se console
quand il voit qu'il l'attendroit inutilement.

Le monde est plein de personn-
nes d'esprit & de beaucoup d'esprit qui jugent toûjours, toûjours
ils devinent, car c'est deviner que
de juger sans sentir quand on a le
motif propre du jugement ; ils
ignorent

ignorent la portée de l'esprit humain : ils croyent qu'il peut tout
connoître ; ainsi ils trouvent de la
honte à ne point prononcer de
jugement, & s'imaginent que l'efprit consiste à juger ; le Philosophe croit qu'il consiste à bien juger. Il est plus content de lui-même quand il a suspendu la faculté
de se déterminer, que s'il étoit déterminé avant que d'avoir senti le
motif propre de la décision. Ainsi
il juge & parle moins ; mais il juge plus sûrement & parle mieux ;
il n'évite point les traits vifs qui
se présentent naturellement à l'esprit par un prompt assemblage
d'idées qu'on est souvent étonné
de voir unies. C'est dans cette
prompte liaison que consiste ce
que communément on appelle esprit. Mais aussi c'est ce qu'il recher-
che le moins, & il préfére à ce
brillant le soin de bien distinguer

L 2　　ses

ſes idées , d'en connoître la juſte étenduë & la liaiſon préciſe, & d'éviter de prendre le change en portant trop loin quelque rapport particulier que les idées ont entr'elles. C'eſt dans ce diſcernement que conſiſte ce qu'on appelle jugement & juſteſſe d'eſprit.

A cette juſteſſe joignent encore la ſoupleſſe & la netteté : le Philoſophe n'eſt pas tellement attaché à un ſiſtême qu'il ne ſente toute la force des objeƈtions. La plûpart des hommes ſont ſi fort livrés à leurs opinions qu'ils ne prennent pas ſeulement la peine de pénétrer celles des autres.

Le Philoſophe comprend le ſentiment qu'il rejette avec la même étenduë & la même netteté qu'il entend celui qu'il adopte.

L'eſprit Philoſophique eſt donc un eſprit d'obſervation & de juſteſſe qui rapporte tout à ſes véritables

tables principes. Mais ce n'est pas l'esprit seul que le Philosophe cultive, il porte plus loin son attention & ses soins.

L'homme n'est point un monstre qui ne doive vivre que dans les abîmes de la Mer, ou dans le fond d'une forêt. Les seules nécessités de la vie lui rendent le commerce des autres nécessaire, & dans quelqu'état où il puisse se trouver, ses besoins & le bien être l'engagement à vivre en societé. Ainsi la raison exige de lui qu'il connoisse, qu'il étudie & qu'il travaille à acquérir les qualités sociables. Il est étonnant, que les hommes s'attachent si peu à tout ce qui est de pratique, & qu'ils s'échauffent si fort sur de vaines spéculations. Voyez les désordres que tant de différentes hérésies ont causés ? Elles ont toûjours roulé sur des points de théorie : tantôt il s'est agi du

L 3   nombre

nombre des Perſonnes de la Trini-
té & de leur émanation ; tantôt du
nombre des Sacremens & de leur
vertu ; tantôt de la nature & de la
force de la grace ; que de guerres,
que de troubles pour des chimeres ?

Le peuple Philoſophe eſt ſujet
aux mêmes viſions : que de diſpu-
tes frivoles dans les écoles, que
de livres ſur de vaines queſtions ?
un mot les décideroit, on feroit
voir qu'elles ſont indiſſolubles.

Une ſecte aujourd'hui fameuſe
reproche aux perſonnes d'érudi-
tion de négliger l'étude de leur
propre eſprit, pour charger leur
mémoire de faits & de recher-
ches ſur l'antiquité, & nous re-
prochons aux uns & aux autres de
négliger de ſe rendre aimables &
de n'entrer pour rien dans la ſo-
ciété.

Notre Philoſophe ne ſe croit pas
en

en exil en ce monde ; il ne croit
point être en pays ennemi ; il veut
joüir en sage Econome des biens
que la nature lui offre ; il veut trouver du plaisir avec les autres, &
pour en trouver il faut en faire.
Ainsi il cherche à convenir à ceux
avec qui le hazard ou son choix
le font vivre, & il trouve en même temps ce qui lui convient :
c'est un honnête homme qui veut
plaire & se rendre utile.

La plûpart des grands à qui les
dissipations ne laissent pas assez de
temps pour méditer, sont féroces
envers ceux qu'ils ne croyent pas
leurs égaux.

Les Philosophes ordinaires qui
méditent trop, ou plûtôt qui méditent mal le sont en vers tout le
monde : ils fuïent les hommes, &
les hommes les évitent.

Mais notre Philosophe qui sçait
se partager entre la retraite & le

commerce des hommes, eſt plein d'humanité. * C'eſt le chrême de Terence qui ſent qu'il eſt homme & que la ſeule humanité intereſſe à la mauvaiſe ou à la bonne fortune de ſon voiſin.

Il ſeroit inutile de remarquer ici combien le Philoſophe eſt jaloux de tout ce qui s'appelle honneur & probité : c'eſt là ſon unique Religion.

La ſocieté civile eſt pour ainſi dire, la ſeule divinité qu'il reconnoiſſe ſur la terre ; il l'encenſe , il l'honore par la probité , par une attention exacte à ſes devoirs & par un déſir ſincere de n'en être pas un membre inutile ou embarraſſant.

Les ſentimens de probité entrent autant dans la conſtitution méchanique du Philoſophe que les

* Homo ſum , humani à me nihil alienum puto haeut : &c.

lumieres de l'esprit. Plus vous trouverez de raison dans un homme ,
plus vous trouverez en lui de probité ? Au contraire où regne le
phanatisme & la superstition ré-
gnent les passions & l'emporte-
ment. C'est le même tempérament occupé à des objets différens:
Madelaine qui aime le monde , &
Madelaine qui aime Dieu, c'est toûjours Madelaine qui aime.

Or ce qui fait l'honnête homme,
ce n'est point d'agir par amour ou
par haîne , par espérance ou par
crainte.* C'est d'agir par esprit d'ordre ou par raison. Tel est le tempérament du Philosophe; or il n'y
a guere à compter que sur les vertus de tempérament : confiez votre vin plûtôt à celui qui ne l'aime
pas naturellement qu'à celui qui
forme tous les jours de nouvelles

---

* Oderunt peccare boni , virtutis amore.
Horat. L. 1. Epist. 16.

réfolutions de ne s'en yvrer jamais.

Le dévot n'eſt honnête hom-
me que par paſſion ; or les paſſions
n'ont rien d'aſſuré : de plus le dévot, j'oſe le dire, eſt dans l'abitude
de n'être pas honnête homme par
rapport à Dieu, parce qu'il eſt dans
l'habitude de ne pas ſuivre exactement la régle.

La Réligion eſt ſi peu propor-
tionnée à l'humanité que le plus
juſte fait des infidélités à Dieu ſept
fois par jour, c'eſt-à-dire, pluſieurs fois. Les fréquentes confeſ-
ſions des plus pieux nous font voir
dans leur cœur, ſelon leur maniere de penſer, une viciſſitude continuelle du bien & du mal : il ſuffit ſur ce point qu'on croye être
coupable, pour l'être.

Le combat éternel où l'homme
ſuccombe ſi ſouvent avec connoiſſance, forme en lui une habitude
d'immoler

d'immoler la vertu au vice ; il se familiarise à suivre son penchant , & à suivre des fautes dans l'espé-rance de se relever par le repentir. Quant on est si souvent infidele à Dieu , on se dispose insensiblement à l'être aux hommes.

D'ailleurs, le présent a toûjours eu plus de force sur l'esprit de l'homme que l'avenir : la Réligion ne retient les hommes que par un avenir que l'amour propre fait toûjours regarder dans un point de vûë fort éloigné. Le superfli-tieux se flatte sans cesse d'avoir le temps de réparer ses fautes , d'evi-ter les peines , & de mériter les récompenses : aussi l'expérience nous fait assez voir que le frain de la Réligion est bien foible. Malgré les fables que le Peuple croit du déluge du feu du Ciel tombé sur cinq Villes ; malgré les vives pein-tures des peines & récompenses

L 6   éter-

éternelles ; malgré tant de sermons & tant de prônes, le peuple est toûjours le même. La nature est plus forte que les chimeres : il semble qu'elle soit jalouse de ses droits ; elle se tire souvent des chaînes où l'aveugle superstition veut follement la contenir : le seul Philosophe, qui sçait en joüir, la régle par sa raison.

Examinez tous ceux contre lesquels la justice humaine est obligée de se servir de son épée, vous trouverez ou des tempéramens ardens ou des esprits peu éclairés & toûjours des superstitieux, ou des ignorans. Les passions tranquilles du Philosophe peuvent bien le porter à la volupté; mais non pas au crime : sa raison cultivée le guide & ne le conduit jamais au désordre.

La superstition ne fait sentir que foiblement combien il importe aux
hommes

hommes par rapport à leur intérêt préfent de fuivre les loix de la
focieté. Elle condamne même
ceux qui ne les fuivent que par ce
motif, qu'elle appelle avec mépris, motif humain. Le chimérique eft pour elle bien plus parfait
que le naturel. Ainſi ſes exhorta-
tions n'opérent que comme doit
opérer une chimére ; elles trou-
blent, elles épouventent ; mais
quand la vivacité des images qu'elles ont produites eft ralentie, que
le feu paſſager de l'imagination
eft éteint, l'homme demeure ſans
lumiere abandonnée aux foibleſſes
de ſon temperament.

Notre ſage, qui en n'eſpérant
ni ne craignant rien après la mort,
femble prendre un motif de plus
d'être honnête homme pendant la
vie, y gagne de la conſiſtence,
pour ainſi dire, & de la vivacité
dans le motif qui le fait agir ; mo-

tif d'autant plus fort, qu'il est purement humain & naturel. Ce motif est la propre satisfaction qu'il
trouve à être content de lui-même en suivant les régles de la probité ; motif que le superstitieux n'a
qu'imparfaitement : car tout ce
qu'il y a de bien en lui, il doit
l'attribuer à la grace ; à ce motif
se raporte encore un autre motif
bien puissant, c'est le propre intérêt du sage, & un intérêt présent
& réel.

Séparez pour un moment le
Philosophe de l'honnête homme ?
Que lui reste-t'il ? La societé civile son unique Dieu l'abandonne,
le voilà privé des plus douces sa-
tisfactions de la vie ; le voilà banni
sans retour du commerce des honnêtes gens. Ainsi il lui importe
bien plus qu'au reste des hommes
de diposer tous ses ressorts à ne
produire que des effets conformes

à

à l'idée de l'honnête homme : ne craignez pas que parce que personne n'a les yeux sur lui , il s'abandonne à une action contraire à la probité ? Non cette action n'est point conforme à la disposition mécanique du sage : il est paitri pour ainsi dire , avec le levain de l'ordre & de la régle ; il est rempli des idées du bien de la societé civile ; il en connoît les principes bien mieux que les autres hommes. Le crime trouveroit en lui trop d'oposition ; il y auroit trop d'idées naturelles & trop d'idées acquises à détruire sa faculté d'agir est pour ainsi dire comme une corde d'instrument de Musique montée sur un certain ton ; elle n'en sçauroit produire un contraire. Il craint de se détonner , de se désacorder d'avec lui-même ; & ceci me fait ressouvenir de ce que Velleius, dit de Caton & D'utique.

« Il n'a jamais fait de bonnes actions,
« dit-il, pour paroître les avoir
« faites; mais parce qu'il n'étoit
« pas en lui de faire autrement.

D'ailleurs dans toutes les actions
que les hommes font ils ne cherchent que leurs propre satisfaction
actuelle : c'est le bien ou plûtôt
l'attrait présent, suivant la disposition mécanique où ils se trouvent
qui les fait agir. Or pourquoi voulez-vous, parce que le Philosophe
n'attend ni peine ni récompense
après cette vie, il doive trouver
un attrait présent qui le porte à
vous tuer ou à vous tromper ?
N'est-il pas au contraire plus disposé par ses réflexions à trouver
plus d'attrait & de plaisir à vivre
avec vous, à s'attirer votre confiance & votre estime, à s'acqui-

« Nunquam recte fecit ut facere videretur,
f d qui aliter facere non poterat Veill. Lib.
2. Ch. 35.

ter des devoirs de l'amitié & de la reconnoiſſance. Ces ſentimens ne ſont-ils pas dans le fond de l'homme , indépendamment de toute croyance? Encore un coup l'idée de malhonnête homme eſt autant oppoſée à l'idée de Philoſophe, que l'eſt l'idée de ſtupide ; & l'expérience fait voir tous les jours que plus on a raiſon, & de lumiere, plus on eſt ſûr & propre pour le commerce de la vie [1. Un ſot n'a pas aſſez d'étoffe pour être bon] On ne péche que parce que les lumieres ſont moins foibles que la paſſion ; & c'eſt une maxime de Théologie , vraie en un certain ſens ; que tout pécheur eſt ignorant.

2. Cet amour de la ſocieté , ſi eſſentiel au Philoſophe , fait voir combien eſt véritable la remarque

---

1. La Rochefoucault.

2. Omnis peccans eſt ignorans.

de

de l'Empereur Antonin « Que les
« Peuples feront heureux quand
« les Rois feront Philofophes, ou
« quand les Philofophes feront
« Rois.

Le fuperftitieux élevé aux
grands emplois fe regarde trop
comme étranger fur la terre pour
s'intereffer véritablement aux autres hommes. Le mépris des gran-
deurs & des richeffes, & les autres principes de la Réligion, malgré les interprétations qu'on a été
obligé de leur donner, font contraires à tout ce qui peut rendre
un Empire heureux & floriffant.

L'entendement que l'on captive
fous le joug de la foi, devient incapable des grandes vûës que demande le Gouvernement, & qui
font fi néceffaires pour les emplois
publics. On fait croire aux fuperftitieux que c'eft un être fuprême
qui l'a élevé au-deffus des autres :
c'eft

c'eſt vers cet être & non vers le public que ſe tourne ſa reconnoiſ-fance.

Séduit par l'autorité que lui donne ſon état, & à laquelle les autres hommes ont bien voulu ſe ſoumettre, pour établir entr'eux un ordre certain, il ſe perſuade aiſément qu'il n'eſt dans l'éléva-tion que pour ſon propre bonheur, & non pour travailler au bonheur des autres. Il ſe regarde comme la fin derniere de la dignité, qui dans le fond n'a d'autre objet que le bien de la république & des par-ticuliers qui la compoſent.

J'entrerois volontiers ici dans un plus grand détail ; mais on ſent aſſez combien la république doit tirer plus d'utilité de ceux, qui élevés aux grandes places, ſont pleins des idées de l'ordre & du bien public & de tout ce qui s'ap-pelle humanité, & il ſeroit à ſou-
haiter

haiter qu'on en pût exclure tous ceux qui par le caractere de leur esprit ou par leur mauvaise éducation sont remplis d'autres sentimens.

* Le Philosophe est donc un honnête homme qui agit en tout par raison, & qui joint à un esprit de réflexion & de justesse les mœurs & les qualités sociables.

De cette idée il est aisé de conclure combien le sage insensible des Stoïciens est éloigné de la perfection de notre Philosophe. Nous voulons un homme, & leur sage n'étoit qu'un fantôme : ils rougissoient de l'humanité, & nous en faisons gloire ; nous voulons mettre les passions à profit ; nous voulons en faire un usage raisonnable, & par conséquent possible, & ils vouloient follement aneantir les passions, & nous abaisser audessous de notre nature par une in-

* Définition du Philosophe.

sensibilité

fenfibilité chimérique. Les paffions lient les hommes entr'eux, &
c'eſt pour nous un doux plaiſir que
cette liaiſon. Nous ne voulons ni
détruire nos paſſions , ni en être ti-
rannifés ; mais nous voulons nous
en ſervir & les régler.

On voit encore par tout ce que
nous venons de dire, combien s'é-
loignent de la juſte idée du Philoſophe ces indolens , qui livrés à
une méditation pareſſeuſe , négli-
gent le ſoin de leurs affaires temporelles, & de tout ce qui s'apelle fortune. Le vrai Philoſophe n'eſt
point tourmenté par l'ambition ; †
mais il veut avoir les douces commodités de la vie. Il lui faut outre
le néceſſaire précis, un honnête
ſuperflus néceſſaire à un honnête
homme, & par lequel ſeul on eſt

---

† B. Vid. horat : Epiſt. 17. Lib. 1. omnis de cuis Ariſtipum colot , & ſtatus &
Res &c.

heureux :

heureux : c'eſt le fond des bienſéan-
ces & des agrémens.

La pauvreté nous prive du bien
être, qui eſt le Paradis du Philoſophe : elle bannit loin de nous
toutes les délicateſſes ſenſibles , &
nous éloigne du commerce des
honnêtes gens.

D'ailleurs , plus on a le cœur
bien fait , plus on rencontre d'occaſions de ſouffrir de ſa miſere :
tantôt c'eſt un plaiſir que vous ne
ſçauriez faire à votre ami ; tantôt
c'eſt une occaſion de lui être utile ,
dont vous ne ſçauriez profiter.
Vous vous rendez juſtice au fond
de votre cœur ; mais perſonne n'y
pénetre ; & quant on connoîtroit
votre bonne diſpoſition , n'eſt-ce
point un mal de ne pouvoir la
mettre au jour.

A la vérité nous n'eſtimons pas
moins un Philoſophe pour être
pauvre ; mais nous le banniſſons de
notre

notre societé, s'il ne travaille à se délivrer de sa misere. Ce n'est pas que nous craignons qu'il nous soit à charge : nous l'aiderons dans ses besoins ; mais nous ne croyons pas que l'indolence soit une vertu.

La plûpart des hommes, qui se font une fausse idée du Philoso-phe, s'imaginent que le plus exact nécessaire lui suffit : ce sont les faux Philosophes qui ont fait naître ce préjugé par leur indolence, & par des maximes éblouïssantes, C'est toûjours le merveilleux qui cor-rompt le raisonnable : il y a des sentimens bas qui ravalent l'hom-me au-dessous même de la pure animalité ; il y en a d'autres qui semblent l'élever audessus de lui-même. Nous condamnons égale-ment les uns & les autres, parce qu'ils ne conviennent point à l'homme. C'est corrompre la per-fection d'un être que de se tirer hors

hors de ce qu'il eſt ſous prétexte
même de l'élever.

J'aurois envie de finir par quelques
autres préjugés ordinaires au peuple Philoſophe ; mais je ne veux
point faire un livre. Qu'ils ſe dé-
trompent. Ils en ont comme le reſte
des hommes, & ſur tout en ce qui
concerne la vie civile : délivrés de
quelques erreurs dont les libertins
même ſentent le foible & qui ne do-
mine guére aujourd'hui que ſur le
peuple, ſur les ignorans & ſur ceux
qui n'ont pas eu le loiſir de la méditation, ils croyent avoir tout
fait : mais s'ils ont travaillé ſur l'eſprit, qu'ils ſe ſouviennent qu'ils
ont encore bien de l'ouvrage ſur
ce qu'on apelle le cœur & ſur la
ſciences des égards.

F I N.

ERRATA.

Page 6. *l.* 6. annitrillé, *lisez* annitrillé. P. 11. *l.* 20. joint, *lisez* jouit. P. 16. *l.* 7. fort, *lisez* fol. P. 29. *l.* 21. en tirer, *lisez* tirer. P. 44. *l.* 6. & 7. *effacez* pour un critere certain. P. 47. *l.* 1. *effacez* acquescement. P. 53. *l.* 22. contentement, *lisez* consentement; *ibid l.* 23. & 24. *effacez* à des assentiment. P. 74. *l.* 12. & continué, *lisez* & ont continué. P. 84. *l.* 18. adore, *lisez* odore. P. 85. *l.* 16. de tems, *lisez* de tant de tems. P. 101. *l.* 6. quels, *lisez* que les. P. 104. *l.* 14. hommes, *lisez* honneurs. P. 108. *l.* 11. de flatter, *lisez* de se flatter. P. 117. *l.* 3. d'où, *lisez* donc. P. 118. *l.* 19. & 20. tous les deux, *lisez* toutes les deux. P. 131. *l.* 17. *effacez* &. P. 168. *l.* 17. c'est, *lisez* cet. P. 184. *l.* 9. joignem, *lisez* se joignent. P. 195. *l.* 16. après détruire, *mettez*. P. 197. *l.* 5. croyance, *lisez* croyance sur l'avenir; *ibid l.* 13. sot, *lisez* sou.